La curva

Patologías gráficas

JORGE LUIS MARZO

La curva

Patologías gráficas

CÁTEDRA **+media**

Directora de la colección: Pilar Carrera

1.ª edición, 2024

Ilustración de cubierta: © Riki Blanco

PAPEL DE FIBRA
CERTIFICADA

© Jorge Luis Marzo
© Ediciones Cátedra (Grupo Anaya, S. A.), 2024
Valentín Beato, 21. 28037 Madrid
Depósito legal: M. 31.092-2023
I.S.B.N.: 978-84-376-4709-8
Printed in Spain

El doctor levantó los ojos hacia la República y dijo que él no sabía si estaba hablando el lenguaje de la razón, pero lo que hablaba era el lenguaje de la evidencia y que no era forzosamente lo mismo.

ALBERT CAMUS, *La peste,* 1947.

¿De dónde viene esa serpiente? ¿De qué hechizo surge para que deje aturdidos a los pajarillos que la miran? ¿Por qué no parpadea? ¿De qué presas se nutre para ir engordando tanto? Nadie sabe qué calamidades, qué abismos anticipan sus andares precisos. Parece el anuncio de un tiempo que no tendremos.

XACUILXOTZIN, *Canto, ca.* 1455.

Prólogo

Nadie quiere saber ya nada de la pandemia. El 5 de mayo de 2023, la OMS decretó el fin de la emergencia internacional, tres años y tres meses después de su inicio y tras dejar unas estimaciones de 20 millones de fallecidos y 765 millones de diagnósticos. Las imágenes del fenómeno han desaparecido del flujo mientras miles de personas todavía siguen luchando por sus vidas en centros médicos de todo el mundo. La covid-19 es historia y, sin embargo, todavía no es memoria. Ahora las imágenes son otras. Nadie tiene ya que obedecer y el universo visual de la propaganda ha dado paso al de la normalidad publicitaria.

La pandemia ha producido muchas imágenes, acaso porque es necesario «rellenar» la sempiterna inmaterialidad de la peste. En su mayoría han sido urgentes, sometidas a la velocidad con la que solemos definir los desastres, poco fiables, pensadas para que no perduren. Pero cuanta más prisa tienen las imágenes, mejor revelan viejas latencias, heridas recurrentes, expresando una suerte de patología visual, la de su impertinencia, no muy diferente de la de otros fenómenos urgentes e inesperados que van definiendo el tiempo de las crisis.

Las imágenes de un desastre suelen ser figuras impertinentes porque remiten inexorablemente a la gestión del mismo: los camiones llenos hasta arriba de cuerpos de vecinos de la Lombardía para los que ya no hay fosas ni hornos; los muertos abandonados a su suerte en las calles de Guayaquil; los vecinos de Shanghái amenazando con suicidarse tras un confinamiento de decenas de meses; los trabajadores de empresas esenciales como Tesla durmiendo dentro de las fábricas; los ancianos abandonados en su agonía en las residencias españolas; todas ellas evidencias no de la enfermedad sino de su tratamiento. Es por ello que son impertinentes. Los desastres producen siempre una iconografía furiosa porque no hay desastres naturales sino crisis de gobernanza.

Así, lo que el virus tenía que decir ha sido traducido y reducido a una curva gráfica, que sube y baja, que registra y predice. Es un modelo al que se le hace caso porque calcula el miedo y la amenaza en tiempo real, dando a entender que la mera inspección técnica de la cosa es la solución. La curva gráfica sirve de turbina que domina el remolino, y lo devuelve todo en una lógica competente y productiva del fenómeno.

Hace tiempo que la estadística es una forma de gobernar. Pero la pandemia nos ha enseñado el poder de los datos para contar desastres y que así pasen antes. Es la curva la que arbitra la crisis; es el circuito oficial en el que observar a los caballos correr y hacer nuestras apuestas.

Flatten the Curve

El 11 de marzo de 2020, la Organización Mundial de la Salud declaró la emergencia pandémica por la covid-19. Setenta y dos horas después, el presidente del Gobierno apareció en rueda de prensa y dijo:

> Les anuncio que el gobierno de España aprobará mañana, en un Consejo de Ministros extraordinario, una medida excepcional. Todos los trabajadores de actividades no esenciales deberán quedarse en casa en las próximas dos semanas. Esta medida reducirá aún más la movilidad de las personas, disminuirá el riesgo de contagio, y nos permitirá descongestionar algo muy importante que son las UCI en nuestros hospitales [...]. Todo lo que puedo ofrecer es sacrificio, resistencia y moral de victoria. Superaremos esta emergencia amparándonos en el consejo de la ciencia y apoyándonos en todos los recursos del Estado.

Dos semanas antes, el 29 de febrero, la edición impresa del semanario inglés *The Economist* había publicado un artículo titulado «Flattening the Curve» [«Aplanando la curva»]. El título de la edición *online* era algo distinto, menos amable: «La covid-19 está ya en 50 países, y las cosas irán a peor»[1]. En él aparecía un gráfico cuyo éxito pocos podían imaginar. Consistía en dos líneas curvas de colores distintos enmarcadas en un eje vertical (número de casos confirmados de contagio) y otro horizontal (el tiempo transcurrido desde el primer caso). Una de las curvas era alta y estrecha; la otra, achatada y larga. El mensaje general que transmitía era que la adopción generalizada de medidas profilácticas (lavarse las manos, llevar mascarilla, proteger a los demás de besos, toses y estornudos) impediría que se concentraran los casos de contagio en periodos muy cortos de tiempo y evitaría el colapso de los servicios médicos. El mensaje concreto era que el comportamiento individual podía influir en «picos» peligrosos —que representan altas tasas de contagio y mortalidad— o en «mesetas» más aconsejables y manejables. En pocas semanas, aquellas dos curvas sirvieron para justificar, primero, las normativas sobre «distancia social», y luego, el confinamiento domiciliario en la mayor parte del mundo, siguiendo el ejemplo de China, que el 23 de enero ya había metido a los 53 millones de residentes de la provincia de Hubei en sus casas, «una acción sin precedentes en la historia de la salud pública», en palabras de la OMS.

---

[1] https://www.economist.com/briefing/2020/02/29/covid-19-is-now-in-50-countries-and-things-will-get-worse

La gráfica aparecida en *The Economist* era la adaptación de una similar aparecida en un documento publicado en 2007 por The Center for Disease, Control and Prevention (CDCP, un organismo de salud del gobierno estadounidense), con el título «Interim Pre-pandemic Planning Guidance», y que sugería líneas de actuación en el caso de la potencial aparición de una pandemia vírica[2]. Entre las orientaciones que daba figuran la necesidad de imponer distancia social o suspender las clases escolares. Rosamund Pearce, la periodista infográfica de la revista que se encargó de adaptar la gráfica al caso naciente de la covid-19, comentó:

> Pensé que era una ilustración maravillosamente clara y sencilla de un concepto importante [...] La dificultad de estos diagramas es mostrar la incertidumbre. Aunque sea un diagrama de un concepto y no un modelo a partir de datos reales, es fácil que la gente lo interprete como una predicción precisa, ya que parece un gráfico y estamos acostumbrados a que los gráficos sean precisos [...]. Una vez que se han dibujado estas formas, parecen autorizadas *[authoritative]*, incluso si pretenden ser ilustrativas (Wilson, 2020).

El 6 de marzo, Drew A. Harris, profesor de salud poblacional de la Universidad Thomas Jefferson, acabó de rematar la gráfica al añadir una línea horizontal fija cuya leyenda rezaba «Capacidad del sistema de salud» [1].

---

[2] https://stacks.cdc.gov/view/cdc/11425

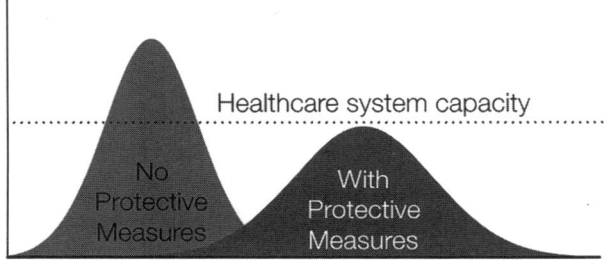

1. Gráfica realizada por Drew A. Harris, profesor de la Universidad Thomas Jefferson, en marzo de 2020.

Aquella línea representaba los confines del Estado en el límite de los servicios hospitalarios. Dibujaba su propio marco de interpretación. Fue publicado por centenares de medios. El 9 de marzo, Siouxsie Wiles, microbióloga y comunicadora científica de la Universidad de Auckland, y el ilustrador Toby Morris, publicaron una animación *gif* en la revista *online The Spinoff* a partir del diagrama de Harris, y cuya noticia iba presidida por una fotografía de la primera ministra neozelandesa sosteniendo una copia impresa de la ilustración[3]. La animación fue considerada «la gráfica definitiva del coronavirus» [2].

---

[3] https://thespinoff.co.nz/politics/14-03-2020/covid-19-christchurch-service-cancelled-as-nz-confirms-sixth-case-what-we-know-so-far

El *gif* y la expresión «aplanar la curva» se convirtieron entre el 7 y el 15 de marzo de 2020 en un fenómeno viral. Medios y gobiernos de todo el mundo comenzaron a utilizarlos a gran escala para sostener las medidas draconianas que estaban a punto de ejecutarse. Se abrieron blogs, webs y *hashtags* «ftc» (Flatten the curve) en todos los idiomas y se iniciaron campañas para concienciar a la gente de no desbordar los sistemas sanitarios. El 27 de marzo, *The New York Times* publicó un reportaje sobre la disputa entre los que defendían acabar rápidamente con el brote mediante un contagio masivo y llegar a la «inmunidad de rebaño» y quienes abogaban por mantener la curva baja y evitar «el pánico, el sufrimiento innecesario y la muerte».

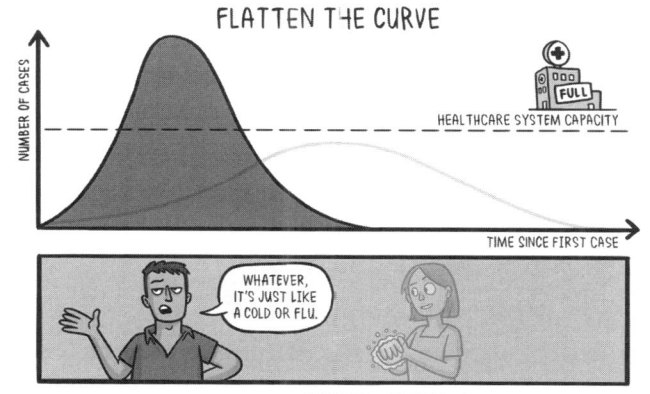

2. *Gif* realizado por Siouxsie Wiles y Toby Morris, publicado en *The Spinoff* el 9 de marzo de 2020.

El artículo concluía: «Aplanar la curva hará que la sociedad siga adelante» (Roberts, 2020).

A aquella curva pedagógica pronto se sumaron las curvas informativas. Los noticiarios y las portadas de prensa se llenaron de una orgía de gráficas, ya fueran líneas, barras, quesitos, pirámides, fluctuaciones o cartogramas, que relataban día a día el aumento de los casos, las altas y bajas, los fallecimientos. La curva, sin duda, triunfó sobre el resto de imágenes: tiene un formato simple que todo el mundo conoce, es acumulativa y comparativa. La recogida inicial de datos, especialmente en los hospitales y en las funerarias, comenzó a producir una ingente cantidad de información, al principio caótica por la desconexión y falta de estandarización entre los procedimientos estadísticos e informáticos de las diversas administraciones y entidades involucradas. Los primeros meses de 2020 fueron frenéticos en los institutos y departamentos de estadística: informaciones que habitualmente se publicaban en un plazo de meses o años pasaron a ser solicitadas por la prensa o los gobiernos de un día para otro, de semana en semana. Hubo que unificar criterios de minería, revisar los protocolos de seguridad y de privacidad de los datos, interconectar sistemas dispares, centralizar la información y estandarizar los modelos de visualización gráfica. Lo primero que hicieron muchos periodistas fue hacerse con el teléfono de los responsables estadísticos públicos para ponerse al día sobre las diferencias de una curva de escala lineal o logarítmica antes de publicar las gráficas, porque la percepción de la evolución de la pandemia es distinta en uno u otro formato. Se realizaron numerosos *webinars* (seminarios *online)* en los que los técnicos impartieron cursos acelerados a los periodistas para darles explicaciones sobre los criterios y mecanismos de traslación de los datos a las gráficas, complicando mucho la vida a aquellos que tuvieran la tentación de editar los resultados a conveniencia bajo presiones editoriales o políticas. En la segunda mitad de 2020, el engranaje dejó de chirriar, la captación de datos se hizo consistente y las curvas comenzaron a escribirse más al unísono, aunque siempre persistieron problemas como los famosos «ruidos estadísticos» que aparecen al introducir de golpe montones de datos acumulados y no computados.

La gráfica parecía respaldar la promesa hecha por el presidente del Gobierno de que la crisis se superaría bajo el amparo de la ciencia. Aquellas líneas parecían tan exactas que proyectaban la idea de control. Eran *imágenes estadísticas* de una gran elocuencia. El confinamiento tenía su reflejo causal en esa neutra y objetiva línea ascendente de emergencia y peligro, que habla de coordenadas cartesianas que apelan a la propia responsabilidad. De ese modo, se configuró un dispositivo biopolítico orientado a dirigir las relaciones de poder para hacer de la vida algo mensurable y administrable. Hemos visto muchas curvas acompañando a los meteorólogos en televisión o a los *brokers* en la bolsa, pero nunca una curva como la del coronavirus había imantado tanto los ojos de tantos.

La pandemia de la covid ha venido a inscribirse como un catálogo complejo de relaciones espaciales. Las lógicas del modo de contagio, de la distancia social o del confinamiento se expresaron en unidades métricas en domicilios y hospitales. El efecto de la pandemia en las ciudades, las líneas de abastecimiento o la red ha sido descrito mediante los habituales criterios físicos —masa, energía, flujo— y administrativos —acceso, bloqueo—, es decir, mediante las clásicas líneas de la termodinámica industrial. La crisis se ha dibujado mediante una ordenación espacial basada en vectores de cálculo y dirección, y su lenguaje ha sido métrico. La resignificación de las fronteras —nacionales o públicas— en las políticas de circulación de las personas y el uso del *big data* son asuntos que nos interrogan sobre la función de los nuevos mapas biométricos. No es muy diferente del viejo lenguaje que mide la excepción. Es el dibujo producido en una sociedad que necesita cartografiarla. La excepción es aquello que no ocurre habitualmente, pero también puede ser aquello que no *debiera* ocurrir. En ambos casos, es la inscripción de una crisis.

Por consiguiente, vale la pena preguntarse sobre las relaciones entre la excepción y la forma de representarla. ¿Cuál es el espacio visual de las crisis? ¿Qué imágenes las traducen? Los hospitales, los domicilios y los laboratorios se vertebraron como el *espacio virtualizado de la pandemia*. Se trataba, no obstante, de espacios invisibles, invisibilizados, lugares acotados a la visión, más allá de ráfagas en los noticiarios, rostros a menudo pixelados y cubiertos por tubos clínicos, sanitarios a los que solo vemos los ojos, las ubicuas mascarillas o conexiones por videoconferencia en las que apenas vemos los contextos y solo nos vemos a nosotros de vuelta, estupefactos (de *stupere,* quedar paralizado, aturdido, estúpido). La invisibilidad del virus encontró su reflejo en un régimen visual igualmente opaco. No había nada que ver.

El Estado acudió al rescate. La gente enfermaba por contagio, y muchos morían ahogados sin aire. Las epidemias son asunto de Estado; en realidad, en ellas se barruntó el Estado moderno. Pero la covid atacaba también al Estado, exponiendo el Contrato Social firmado entre este y los gobernados, aquel que dice que a cambio de ceder determinadas libertades el Cuerpo Social recibirá garantías sobre el cuidado de su salud, sus derechos laborales y una justicia equitativa y universal. Lo que la covid anunciaba no era una amenaza a la ciudadanía, o no solo, sino una guerra a los instrumentos que el Estado ha puesto para garantizar el Contrato de protección y para evitar la discusión sobre los actuales modelos de desarrollo, la verdadera causa de la recurrencia de las pandemias. Así, la conversión métrica de la pandemia no ha tenido ningún correlato en el dibujo de sus sindemias correspondientes[4].

La curva no expresa únicamente el grado de contagio de una crisis, sino también los efectos del termómetro, que solo busca desviaciones en relación con un valor dado. La

---

[4] El concepto de «sindemia» fue utilizado por primera vez por Merrill Singer, un antropólogo médico estadounidense, a mediados de la década de 1990, para definir la suma de dos o más epidemias en una población con interacciones biológicas y biopolíticas, que exacerban el pronóstico y carga de la enfermedad. Las sindemias son consecuencia de la previa desigualdad sanitaria, la pobreza, la violencia o las crisis ecológicas. Singer, 2009.

curva predictiva de una epidemia se había presentado por primera vez en el artículo «A contribution to the mathematical theory of epidemics», publicado en 1927 y escrito por William Ogilvy Kermack y Anderson Gray McKendrick, bajo la inspiración de Ronald Ross, médico inglés y premio Nobel. Según Ross, era necesario aplicar modelos matemáticos a la dinámica de las enfermedades infecciosas, en especial la de la malaria en la India. Para ello, desarrolló lo que denominó «teoría de los eventos» *(theory of happenings)* en los fenómenos epidémicos. La teoría no se adaptaba específicamente a un patógeno o problema de salud pública concreto, sino que se basaba en supuestos previos sobre los mecanismos que «podrían» estar actuando en la propagación de las infecciones (Boumans, 2021: 18). Describía la dinámica de una epidemia en el mundo de un modelo. Fue un principio que calaría hondo entre científicos y políticos a lo largo de décadas, fundamentado en los modelos y en una comunicación visual amena y simple. Sobre esta segunda base, la propia Organización Mundial de la Salud había recomendado en 2017 el uso masivo de la estrategia «hazlo visual» *(make it visual)* como marco de trabajo comunicativo en las epidemias[5].

---

[5] «Los comunicadores comparten cada vez más información sanitaria a través de medios visuales, como vídeos de YouTube, fotografías, infografías, gráficos e ilustraciones. Los mensajes visuales facilitan la comprensión de la información de la OMS y pueden llegar a personas de todos los niveles de alfabetización y educación» (Ruão y Silva, 2020: 189).

Poner todo el peso en el platillo sanitario de la balanza relegó la función de la curva a expresar únicamente la salud del modelo, no del fenómeno. Fuera de la curva sanitaria, no sabemos qué sucede. Fuera del dominio oficial, nada interesa. La curva delimita el territorio en el que se producirá el diálogo con el virus. De ahí que la bacanal de gráficas sea cuestionable. La falta de tests y de rastreos contaminaron durante muchos meses los datos que las curvas hacían florecer. La mayoría de modelos epidemiológicos eran muy simples, con unas pocas categorías y ecuaciones diferenciales (Francescutti, 2021: 88), no solo porque los epidemiólogos raras veces pueden contar con buenas bases de datos, sino porque los modelos solo representan lo que han minado previamente. De ahí que las curvas en África sean muy bajas no porque no tengan casos de covid sino porque no se hacen tests.

Lo que se juega en estas imágenes cartesianas no es la crisis de la covid sino la del Estado y el uso que este hace de los modelos. El historiador y filósofo de la ciencia Marcel Boumans ha indicado hasta qué punto presentar en los inicios de la pandemia el control de esta como un mero «aplanar la curva» fue aplanar la complejidad natural y social subyacente del fenómeno, ya que aquellas curvas espejaban un universo determinista que todavía no podía establecer lo cerca que estaba el modelo de los hechos y datos reales. Boumans critica del modelo de la curva, primero, el hecho de haber aparecido cuando el conocimiento empírico de la epidemia era aún bastante escaso; y segundo, que se haya mantenido incluso varios meses después, como si fuera una «ley natural» cuando, en realidad, la curva está determinada por el pronóstico del factor r0 —el número de casos/promedio que van a ser causados por una persona infectada durante el periodo de contagio— que refleja principalmente las actitudes sociales y políticas, de carácter siempre imprevisible (Boumans, 2021: 18). Se trata de una paradoja insalvable: la curva cuenta más sobre el devenir social del modelo empleado que sobre los efectos de este modelo en la salud de los afectados y, al mismo tiempo, omite permanentemente que esta condición incide sobremanera en la interpretación de la crisis y de su futura evolución.

Ya ha sido señalado el extenso uso de los modelos computacionales como estrategia de contención de la pandemia, en los que el cálculo, como lenguaje consecuente de un sistema de medición, se convierte en la única fuente de legitimidad tanto para la ciencia como para la política y el mercado (Mezza, 2020: 18). La epidemiología se basa en el cálculo del contagio, una técnica aplicada hoy en los órdenes generales de la vida social y que persigue la detección y predicción de los brotes y evolución de la viralidad de los bichos, las inversiones, las ideas, los consumos. El cálculo del contagio nos habla de los comportamientos sociales y de cómo se crean eventos relacionales. Pero los muestra como un todo, es decir, los oculta. La curva hace que nos veamos todos juntos y de lejos, es decir, administrados, de alguna manera enajenados. Y, sin embargo, la curva, epítome de la objetividad, ha funcionado como un objeto mágico. Apotropaica es la condición de los ritos, de los sacrificios, de las fórmulas que por su carácter mágico se cree que alejan el mal y propician el bien. La curva se ha convertido en un talismán, en una expresión de la matemancia, de la magia estadística, del animismo gráfico producido por la certeza oracular de las ciencias del cálculo que Alexander Campolo y Kate Crawford comparan a una especie de «determinismo encantado» (Campolo y Crawford, 2020: 1). Parecería que la curva ahuyenta el tiempo del desastre a través de una magia racional y mecanizada.

¿Qué tendremos que ver? Que la curva no registra o transcribe la evolución de las crisis, más bien las define, crea un marco o modelo de interpretación de las mismas. Es un mecanismo que, a pesar de las apariencias, crea el fenómeno antes que describirlo. La elección de determinados datos y la exclusión de otros nos ofrece el problema acotándolo a un formato cerrado. Las curvas no son meras traductoras de las crisis; son consustanciales a las mismas.

Asimismo tendremos que ver que la curva forma parte de unas metáforas científicas destinadas a socializar resultados y procedimientos complejos considerados objetivos. Sin embargo, en ellas anidan decisiones estéticas y políticas que influyen en el modo de interpretar y percibir los fenómenos. En las sociedades de la urgencia y de la emergencia, la estadística, convocada en todos sus frentes, ha convertido a las curvas en el lenguaje del desastre. ¿Nos ayudan en algo cuando perseguimos soluciones?

Observaremos que las políticas estadísticas de la curva son, sobre todo, el reflejo de las vergüenzas del contador público, reducido a ser mero pregonero del mal, mientras la

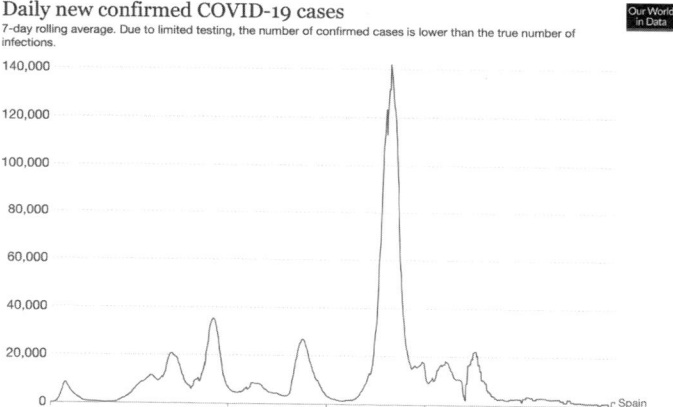

3. Evolución de la curva de casos confirmados de contagio diarios de la covid-19 en España entre marzo de 2020 y abril de 2023. Fuente: OMS.

corporación promete soluciones mágicas, ya que conoce bien la raíz de los problemas y el beneficio de las plusvalías.

La curva es una escritura cronológica que refleja especialmente bien los mecanismos cronopolíticos que se utilizan en la gestión de las crisis. Crisis y curvas van de la mano. Suben y bajan y crean modelos cíclicos [3]. Son «valores». Una curva es el teatro en el que se representa la salud de un fenómeno y, por sus propios méritos, una patología dramática. Los diagnósticos y pronósticos que proyecta la curva modelan el modo de entender qué pasó y lo que hay que esperar.

Deberemos atender la configuración del tiempo en una curva. La velocidad del tiempo del desastre se mide corta en la urgencia y larga en la ciencia. Esa disparidad produce gráficas distintas con efectos sociales diferentes. Habremos de ver que las batallas del tiempo (tan relevantes en las presentes guerras de la verdad) producen relatos singulares sobre la predicción de un tiempo que parece escasear y que urge transcribir.

Por último, será conveniente detenerse en las razones por las que muchos sospechan de las curvas, en cómo afecta el imperio de una aparente objetividad al modo de construir modelos de relaciones confiables y plurales, y en qué pasos debe dar la ciencia para abrir sus dominios a saberes considerados marginales pero capaces de construir aparatos constructivos, útiles e inclusivos.

Creo que, con todo esto, se podría esbozar algo así como una *teoría gráfica del desastre*.

Máquinas de registro

En la primera década del siglo surgió una viva preocupación por la drástica disminución de las poblaciones de insectos en Europa, hoy ya confirmada. Además de los numerosos estudios científicos llevados a cabo para determinar las causas y el alcance del problema, algunas instituciones promovieron la recogida de evidencias en lo que vino a llamarse «pruebas anecdóticas» y que podían ser practicadas por los conductores de vehículos. Por ejemplo, en 2004, la Real Sociedad para la Protección de los Pájaros solicitó a los automovilistas británicos que contabilizaran la cantidad de insectos que colisionaban con la matrícula frontal del coche en un periodo de tiempo determinado. Lo llamaron «aplastómetro» *(splat-o-meter)* [4]. En 2017, la Sociedad Entomológica de Krefeld (Alemania) presentó los datos acumulados durante 27 años de insectos voladores estampados en los parabrisas de los coches. Y en 2019, un estudio que cubría el periodo 1997-2017 certificó la escala del insecticidio tras analizar los patrones reflejados en los vidrios de los automóviles daneses.

4. *Splat-o-meter*. Fotografía publicada por Simon Leather en 2016 (https://simonleather.wordpress.com/2016/12/05/insects-in-flight-whatever-happened-to-the-splatometer/).

Es evidente que el parabrisas se convierte aquí en un «espacio de registro», gobernado por un régimen gráfico y estadístico. Es el mapa de un desastre. No obstante, también parece obvio que sin esa máquina de cálculo algunos insectos no habrían muerto, aunque su muerte haya servido para constatar la velocidad a la que mueren los insectos. Por consiguiente, los parabrisas también devienen registros de su propia inscripción en cuanto dispositivos del desastre. Toda máquina de registro genera la propia realidad que describe; todo instrumento modela no solo el objeto en el que labora sino también las condiciones ontológicas de su existencia. Cualquier mapa, para lo bueno y para lo malo, no es una mera cartografía del mundo: fabrica el mundo, e incluso, como vemos, puede también destruirlo mientras lo describe. Atajar ese problema pasa por desorganizar ciertas jerarquías. Igual de importante es el cómo organizamos lo que sabemos que el conocer lo que no sabemos: el qué siempre se constituye como un efecto del cómo.

La constatación de este hecho es tan evidente que es divertido escuchar a los intelectuales científicos de referencia poner ejemplos que resulten lo más obvios posible. Bruno Latour nos recuerda que por el coste de un billete de avión transatlántico o de un viaje en barco es posible presenciar el deshielo del casquete polar ártico sabiendo que, en ese momento, se está contribuyendo a su destrucción. Ya no podemos asistir al viejo espectáculo del mundo, ahí, frente a nosotros, dice Latour. Ahora «estamos» en él. Cuenta Benjamin Bratton la historia de un investigador de la empresa Hewlett-Packard que recibió el encargo del gobierno americano de proponer una arquitectura para un ordenador capaz de realizar una hipersimulación predictiva de todo el clima planetario. Tras darle vueltas, llegó a la conclusión de que aquella máquina no solo sería aproximadamente del tamaño de París, sino que consumiría tanta energía que sería el evento climático antropogénico más importante que él mismo estaría modelando (Bratton, 2015: 363-364).

El registro del desastre es también el registro de los efectos de las máquinas que lo registran, igual que un diagnóstico define y nombra a su objeto de estudio. Son instrumentos que conforman el objeto de su inscripción y limitan su análisis a un marco definido que acaba generando las condiciones generales por las que interpretamos su existencia y sus relaciones con el resto de las cosas. En el peor de los casos, como en el de los parabrisas, pueden llegar a ilustrar de una manera fehaciente cómo los instrumentos que nos hemos dado para ver el desastre responden a las mismas causas del mismo. Al escribir el mundo de una cierta forma objetiva, el escriba lo determina de tal modo que son los fenómenos los que se adaptan al protocolo y no al revés. Las máquinas de registro dan unos resultados que nos parecen los más naturales, los más exactos, los más lógicos, sin preguntarnos sobre las consecuencias que tienen en nuestras cuitas con el entorno. Constituyen el punto de partida para creer que el mundo es *tal cual*.

En las sociedades de la emergencia dominadas por el cultivo de la urgencia, los acontecimientos se registran sin cesar y a una escala gigante. El planeta y el espacio exterior están llenos de sensores y de sistemas de minería de datos que han convertido la vida en un fenómeno completamente monitorizado (del latín *monitor*, «el que advierte o aconseja»). Lo mismo ocurre en el espacio interior, en donde la psique y el cuerpo son analizados a una escala microscópica. Una enorme parte de esas «lecturas» se expresan en espacios bidimensionales gráficos, ya sea en pantallas o mapas sobre las que seguimos en tiempo real el rumbo de una ballena, la señal cerebral del neurolink o el curso de un cometa, o bien mediante infografías o líneas temporales que recogen la suma de catas realizadas sobre cualquier cosa, evento o proceso. Cada año se imprimen entre 900.000 millones y 2 billones de imágenes de gráficos estadísticos en todo el mundo (Tufte, 2007). Con sus riesgos y aleatoriedad, el mundo es así traducido en un espacio con un número de propiedades medibles en el que los fenómenos solo pueden analizarse mediante números.

La relación entre la estadística y el desastre viene de antaño, sobre todo porque la estadística se ocupa de las desviaciones. Son conceptos que viven íntimamente ligados. La estadística no escoge su objeto de estudio, antes lo ha de modelar, sometiéndolo a un formato y escala. En 1824, el mentalista Esquirol, disertando en la Academia de Medicina francesa, preguntó a los presentes acerca de una sospecha: «¿Existe en nuestros días un mayor número de locos que hace cuarenta años? Le respondieron que no lo sabían, que nadie lo sabía. En 1834, diez años después, tras aplicar métodos estadísticos, todo el mundo en París hablaba del "crecimiento espantoso" de criminales, locos, prostitutas, vagabundos, vagos y suicidas» (Hacking, 2020: 65-81). La descripción estadística objetualiza a los sujetos sometiéndolos a una taxonomía de escala que los acerca o aleja de algún punto medio que se considera normal pero que hay que establecer previamente. De la persona loca se pasa al grupo de los locos; de la persona obesa se pasa a la categoría de los obesos. La escala es un producto administrativo que dramatiza las cosas y fenómenos, obviando sus particularidades relacionales con el entorno y fomentando la aparición de sistemas y regímenes que lo leen todo como un todo. La máquina registradora no está interesada en cada sujeto sino en la idea de que todos los sujetos pueden alcanzar similitudes y revelar patrones. Entonces, ¿qué nos proponen exactamente estas máquinas?: ¿saber por qué alguien sufre de locura?, ¿o determinar qué hacer con los locos? ¿Conocer las razones de un «desastre», o más bien estar seguros de que lo detectamos?

Como instrumento y producto científico, «el atractivo de las estadísticas —ha escrito Susan Erikson— radica en el modo en que permiten percibir que lo lejano es familiar (cuando no lo es) y manejable (cuando es caótico). Las enormes distancias que son capaces de cruzar las estadísticas alinea ventajosamente a algunos miembros de la comunidad global con las estructuras de poder existentes, mientras que perjudica a otros. No es necesario conocer a las personas» (Erikson, 2012: 372). La estadística no solo inscribe el objeto o sujeto que después describe, sino que además impide un orden colectivo de acción y razón, dado que algunos objetos son más ventajosos o útiles al ser datificados que otros. La curva de la covid es un ejemplo inmejorable de esta condición restrictiva. En ella solo se manifiestan aquellos datos que parecen de utilidad en función de un objetivo: que el sistema hospitalario no colapse. Por consiguiente, no vemos en ella el reflejo de la evolución de la pandemia (aunque lo parezca), sino el reflejo tanto de los aparatos de registro del Estado como de las categorías a partir de las cuales el Estado decide cuál es su función primordial: vida, muerte y gasto. Es un teatro de evidencias. Naturalmente, ese no es el registro de la compleja evolución de la enfermedad, con todas sus variables sociosistémicas, sino únicamente el registro oficial de la pandemia. Lo que la curva diaria nos ha contado es hasta qué punto los mecanismos de registro son dispositivos que regulan la frontera entre el adentro y el afuera, entre quienes pueden beneficiarse de la gobernanza y quienes no; dibuja los confines mismos del Estado. Como el Estado tiene en principio la voluntad de no dejar a nadie fuera del sistema sanitario, la curva fija un mecanismo de inscripción que avisa sobre sus propios linderos como regulador biopolítico. En suma, la curva de la covid exhibe el marco unívoco en el que debemos leer la pandemia; es un «sistema operativo» (Hong, 2022: 6) que ofrece una plantilla familiar para modelar el problema y el tipo de herramientas a las que recurrimos para nuestras soluciones, aunque para ello haya que descartar procesos que no responden a la plantilla.

No sería absurda la tentación de pensar que la curva, al registrar solo los casos de contagio, ingreso hospitalario o deceso por coronavirus, ha podido funcionar como parabrisas de la pandemia, que mientras contabiliza también mata. Desde luego, no ha sido esa la voluntad de los gestores de la gobernanza sanitaria. Pero no es descabellado pensar que al inscribir únicamente los datos «útiles» de la covid como modelo de gobernanza de la crisis, un número ingente de enfermos no-covid fallecieron «fuera del registro». En el mes de octubre de 2020, la cifra de pacientes fallecidos por enfermedad sin haber sido atendidos fue de 24.000 personas[6], especialmente con patologías crónicas, con problemas de salud mental, mayores e inmigrantes. En aquellos días, la cifra oficial de muertos por covid era de 30.000. Esas otras curvas no existen simplemente porque los datos que las debían nutrir no fueron registrados, o si lo fueron, no fueron convertidos en curva. ¿Qué hubiera sucedido si se hubieran mostrado? ¿Qué efectos hubieran tenido esas curvas?

Una curva no es la cosa de la que trata, pero al registrarla, lo parece. Bruno Latour y Steve Woolgar también nos ilustraron ya hace años sobre el modo de construcción de los hechos científicos en los laboratorios: señalaron cómo las curvas que salían de las hojas de datos informáticos eran recibidas por los científicos con gritos de excitación ante la vista de «picos», «subidas» y «bajadas», convencidos de que la extrapolación gráfica era literalmente «la cosa» (Latour y Woolgar, 1986: 51). Se habían enamorado, como los artistas, de sus modelos. Como si la inscripción tuviera alguna misteriosa relación con la «sustancia original», convirtiéndose en traductora necesaria. Toda línea trazada sobre un mapa no representa una división, sino que realiza esa división. Johanna Drucker ha insistido en la importancia performativa de la expresión gráfica en la ciencia porque no es mimética, no se parece a nada más allá de sí misma, aunque es portadora de todo

---

[6] https://www.lavanguardia.com/vida/20201018/484111948357/covid-19-muerte-datos-cancer-alzheimer-infartos.html

tipo de valores y resonancias čando significado a través de su lugar y posición, de sus condiciones de registro y de sus atributos (Drucker, 2020: 91). También Donna Haraway nos ha invitado a no olvidar que los sistemas visuales procedentes de los microscopios son formas «activas» y «parciales» de «organizar mundos».

Dice Michelle Mezza que hemos aprendido con amargura que, al perseguir las cábalas de los datos epidémicos diarios que ocupaban los medios de comunicación, hemos olvidado que las razones y las formas de la muerte de multitudes de personas no pueden ser delegadas únicamente a la responsabilidad de las técnicas administrativas (Mezza, 2020: 7). La curva, como otras gráficas y tablas, solo proporciona una cantidad limitada de información. Manifiesta lo que ha ocurrido en el marco de un segmento determinado del fenómeno, pero no cuenta al lector por qué ha ocurrido ni los efectos que desata su inscripción en otros segmentos. La relación entre curva y desastre, alimentada en la estadística médica y financiera, adolece fundamentalmente de este problema, su incapacidad para vertebrar un orden de acción más allá de su marco táctico: no tiene más agencia que publicitarse a sí misma como máquina de registro, encorsetada por su restricción hacia otros marcos. Si añadimos al Estado, que todo lo trata con sellos y tampones, convirtiendo sus instrumentos en la propia prosa, poco nos servirá ese marco para componer nuevas formas de análisis y respuesta ante cualquier emergencia que surja.

En sus *Investigaciones filosóficas* (1953), Ludwig Wittgenstein escribe: «Una imagen nos tenía cautivos. Y no podíamos salir de ella, porque estaba en nuestro idioma y el idioma parecía repetirnos inexorablemente» (Wittgenstein, 1988: 249). No podemos salir de la imagen porque está secuestrada por el lenguaje propio del que emana. No es posible tomar distancia e interpretar el mundo. Es necesario reconocer el bucle del que no podemos escapar. La curva representa en buena medida ese bucle. Y lo primero es reconocer que lo es, rasgar el velo de la ilusión. Al hacerlo, es posible que lo primero que advirtamos sea «la expropiación de la experiencia humana por parte de los monopolistas del conocimiento», como ha denunciado Shoshana Zuboff, y que ni la ciencia ni el elegante canto de su diseño pueden reducir fenómenos dinámicos a esquemas lineales irreductibles, como también avisó James Lovelock ya hace muchos años.

Esa expropiación de la experiencia sucede precisamente porque el aparato de registro no solo se autoinscribe en el objeto que mide, sino que también prescribe, como traductor que es, el formato que el objeto debe tener para ser inscrito. No otra cosa es un formulario, al que ya todos estamos habituados al tratar con cualquier burocracia estadística. Pensemos en la «perspectiva» renacentista: un aparato de representación que produjo que el mundo pudiera escribirse de un modo organizado mediante unas técnicas precisas de inscripción matemática. La ventana albertiana no reproducía el mundo, lo recreaba de nuevo bajo unas condiciones completamente diferentes, portando consigo un valor fundacional. Para que algo aparezca en la curva, es obligatorio que su conversión en dato se realice siguiendo las reglas del modelo. Franco «Bifo» Berardi ha rescatado el término «statisticon», formulado por el artista Warren Neidich, para ilustrar esta tóxica retroalimentación. «Statisticon» define al automatismo informacional responsable de capturar los datos del flujo vivo de la actividad social con el propósito de adaptar las articulaciones de la máquina global a las expectativas de los organismos sociales, y las expectativas de los organismos sociales a las articulaciones de la máquina global. De este modo, este filtro burbuja reduce los acontecimientos futuros a la probabilidad y la predictibilidad, vaciándolos de singularidad. Es esta homología estructural la que hace posible la interacción social en la esfera de una regulación automatizada: «Para que pueda producirse una comunicación efectiva, el agente de enunciación debe emplear el lenguaje que las máquinas entienden. Solo una vez que el agente de enunciación ha aceptado este formato que la hace posible, se produce la interacción y la máquina solo puede adaptarse al organismo vivo en la medida en que ese organismo vivo también se ha adaptado a la máquina» (Berardi, 2019: 28-29).

A pesar de que una curva gráfica es una máquina que puede hacer cosas difícilmente realizables de otra manera, no es menos cierto que nos ata de manos. Toda máquina de registro es un mecanismo cuantificador que transforma su lenguaje en una interfaz, en una «tecnología de la distancia» (Porter, 1995: ix). La cuantificación es muy adecuada para la comunicación que va más allá de los límites de la localidad y la comunidad, y genera confianza en los agentes comunicantes porque los números se perciben disciplinados y universales. Pero ello no implica nada sobre la verdad de la naturaleza del fenómeno cuantificado; tiene que ver con la exclusión del juicio, o con la lucha contra la subjetividad o la arbitrariedad, no con la verdadera morfología de las cosas. Theodore Porter, al ocuparse de la confianza social en los números, recuerda que la cuantificación es «una forma de tomar decisiones sin parecer que se decide». Al mismo tiempo, dadas las limitaciones de la memoria, nos cuentan los autores Levi R. Bryant o Andy Clark, nuestras mentes son generalmente incapaces de llevar a cabo largas y complicadas cadenas de razonamiento, porque no podemos guardar en nuestra cabeza todos los pasos de una prueba geométrica o un problema de cálculo (Bryant, 2014: 28; Clark, 2003). La curva nos sirve como un dispositivo cognitivo y mnemotécnico que permite concentrarnos en las operaciones que estamos realizando, pero pudiendo volver a esos pasos anteriores más tarde cuando necesitemos recurrir a ellos. Al mismo tiempo, nos liga a un modelo del que es complicado sustraerse si descubrimos fallos en el proceso, o incluso si averiguamos que es el propio modelo el que no funciona. Ante la curva, tendemos a pensar que las correlaciones siempre son correctas, que todas las cosas se conectan y reproducen a través de la similaridad y la secuencialidad, y sobre todo gracias a la repetibilidad del proceso. Además, la objetividad mecánica tiene el poderoso atractivo para el público de implicar una restricción personal del científico, porque debe seguir las reglas. La curva crea una imagen utilitaria de consistencia cuantitativa que, cuando aparecen defectos, no consideramos que sean responsabilidad del modelo métrico sino del carácter de los datos introducidos. Se trata de una máquina de registro socialmente interiorizada como dispositivo científico y como medio objetivo de visibilizar las fuerzas invisibles del mundo. Son los datos, arbitrariamente conducidos, los culpables de cualquier desorden de la máquina, no la máquina en sí. La culpa es de no haber seguido las reglas, no de las reglas. La causa última es no haber rellenado bien el formulario. De ahí que la aparente objetividad y estandarización de los datos otorgue una autoridad a unos funcionarios que de otro modo no tendrían.

La gestión comunicacional de la pandemia ha sido numérica, como lo ha sido su relato. Políticos, responsables sanitarios y medios de comunicación han expresado la crisis mediante cifras. Al observar las gráficas nos hemos enfrentado tanto a la evolución de la covid en los hospitales como al rendimiento de trabajo de la propia curva, es decir, podemos monitorear el efecto de los contadores y medidores en la interpretación que nos da la curva. Lo habitual es que, detrás de las curvas, los expertos estadísticos hagan públicos los procedimientos de cata y correlación de los datos. Las instituciones estadísticas públicas están obligadas por ley, de forma que sus ejercicios de transparencia permiten la revisión de los resultados por otros colegas u organismos, o por cualquier ciudadano de a pie. Sin embargo, no son muchos los que practican la revisión precisamente porque la curva promete una simplicidad objetiva imbatible.

Al inicio de la pandemia, la centralización de los datos entre las diversas administraciones españolas implicadas fue caótica, pero pronto se formalizó un sistema integrado que contribuyó a una mayor estandarización en los canales y formatos de introducción. Naturalmente, esa homogeneización procedimental ayudó a la disminución de la disparidad estadística y mejoró los modelos comparativos. Sin embargo, hay que preguntarse hasta qué punto esa misma coherencia supuso un impedimento en la exploración de otros instrumentos de inscripción, de otro tipo de datos. Este es un problema de gran complejidad. Por un lado, la estandarización hace que la información que aparece sea consistente, pero a medida que se amplía su imperio refuerza la imposibilidad de otras interpretaciones con otros datos.

Esto nos conduce al valor de los indicadores cuantitativos en la toma de decisiones. La ley de Campbell fue formulada por el científico social Donald T. Campbell en 1976 durante su investigación en el campo de la metodología de la investigación, y establece que cuanto más se utilice un indicador social cuantitativo para la toma de decisiones sociales, más proclive se será a distorsionar y corromper los procesos sociales que se pretenden monitorizar. Algo parecido enuncia la ley de Goodhart: cuando una medida se convierte en un objetivo, deja de ser una buena medida (Hong, 2022: 5). Pensar que la curva como máquina de registro de la pandemia tiene la función de ser el objeto mismo de su trabajo es lo que ponemos en cuestión aquí. No solo porque genera una falsa apariencia de realismo y control, sino porque tampoco expresa el desorden y agitación insertos en la esfera científica y en sus procedimientos, y que es la base de la teoría científica porque permite la refutación y la controversia. La curva no solo niega muchos aspectos relevantes de la pandemia; también impide lo que François Jacob llamó el coeficiente de «honestidad», las explicaciones que todo científico debe dar de lo que hace, de lo que busca, desde lo que parte y lo que puede esperarse de ello[7]. No existe el ojo inocente, y menos en los laboratorios, porque los instrumentos de registro son los responsables de inscribir a las personas en un determinado régimen biopolítico, en una topografía de la norma y de la excepción, obligando a dibujar los espacios de las urgencias bajo parámetros cerrados que desconocemos o a los que no tenemos acceso. El espacio de la emergencia no está en la curva. Hay que asumir con gran inteligencia el complejo cometido de discutir cuál es el verdadero lugar de la tragedia. Descubriremos que no está muy lejos del parabrisas.

---

[7] «Decir la verdad no es suficiente. Hay que decir toda la verdad. No mantener nada en secreto. Aquí es donde la responsabilidad del científico es mayor» (Jacob, 2004: 123).

Las imágenes adherentes

Las palabras dividen, las imágenes unen.

OTTO NEURATH, 1931.

La ciencia está sujeta a su «verse», necesita explicitar visualmente sus resultados mediante figuras comprensibles que puedan socializarse más allá de los laboratorios. Esas figuras suelen llamarse modelos. Fotografías, gráficas, diagramas, maquetas, infografías o animaciones son un tipo de imágenes que han recibido diversas denominaciones: «lógicas» (Charles S. Pierce, 1906); «estadísticas» (Otto Neurath, 1931)[8]; «técnicas» (Vilém Flusser, 1985); «operativas» (Harun Farocki, 2000; Jussi Parikka, 2023), o «epistémicas» (Monika Wulz, 2010), con su larga tradición como

---

[8] El filósofo y economista austriaco Otto Neurath, impulsor del discurso infográfico en la ciencia, describió en 1931 las *pictorial statistics* (estadísticas gráficas o imágenes estadísticas) como las herramientas más útiles para transmitir información racional a través de las barreras de la clase, la cultura y la educación (Nikolow, 2011: 85).

agentes de conocimiento orientadas a transmitir formas de organizar la verdad. Un modelo es la representación informativa de un objeto, persona o sistema. Es un tipo de visualización paradójica desde una perspectiva estética clásica, porque su realismo es diferente al de una obra de arte o de cualquier otro tipo de ilustración. Tiene más que ver con la retórica. Los modelos de sistemas se denominan «modelos conceptuales» y consisten en abstracciones semánticas que ayudan a conocer y comprender el fenómeno tratado «modelando» así la interpretación del mismo. La figuración del modelo está sometida, sin embargo, a una tensión inevitable: mientras, por un lado, vehicula el cálculo objetivo para ver cómo están conectadas las cosas, por el otro representa una elección arbitraria de esas conexiones. Modelo viene del latín *modulus,* diminutivo de *modus,* que es tanto medida como manera. El término nace, pues, con la múltiple inscripción de instrumento, elección y estilo. No existe representación científica que no lleve implícita la existencia de diversos modos de medir y de ilustrar esa métrica. En el «teatro de las evidencias científicas», explicó Bruno Latour, los datos deben ser cuidadosamente fabricados en indicadores visibles que el público ha sido entrenado para reconocer (Latour, 1988: 85). *Evidentia* en latín significa literalmente «lo que se deja ver».

En matemáticas, se denomina «curva» al rastro o huella dejada en un espacio por un punto en movimiento. Para ser exactos, es la imagen de un intervalo creado mediante una función continua de puntos en un espacio geométrico o topológico. Ese espacio permite la definición de límites, continuidades y conectividades. Es muy parecido a un mapa. Las representaciones gráficas de fenómenos explorados estadísticamente son objetos en sí mismos, y sobre todo herramientas que configuran un lenguaje con plenas propiedades y que constituyen el modo en el que el fenómeno es percibido. Se expresan mediante distinciones inscritas en un espacio racionalizado de información que sea fácil de comparar. Pero necesitan expresarse mediante convenciones hábiles que susciten la atención pública tanto en el procedimiento empleado para constituirse como en la capacidad para adaptarse a otros lenguajes. John Bender y Michael Marrinan, en sus análisis sobre la configuración de los diagramas desde la potente difusión de los mismos en la *Enciclopedia* de Diderot y d'Alembert en el siglo XVIII, han mostrado cómo estos parecen tener los atributos de una representación visual esquemática cuando en realidad se sitúan en el mundo como objetos de pleno derecho, más allá de lo que dicen representar (Bender y Marrinan, 2010: 7). Pero deben ser objetos reconocibles. La *Encyclopédie* definió el diagrama como «una figura o construcción de líneas destinada a explicar o demostrar una afirmación». Por consiguiente, se presentaba bajo la categoría de una representación «en curso». De ahí que la curva, junto a otros sistemas gráficos de raíz científica, haya sido considerada a lo largo de las últimas décadas, primero como una «representación», después como una «mediación», luego como una «actuación» *(enactment)* y, por último, interpretada en términos de «visualización» (Coopmans *et al.*, 2014: 3). La curva tiene una condición actoral que vive su propio tiempo laboral exigiendo la correspondencia con un papel. Un diagrama como la curva es una herramienta de trabajo, y como el martillo en relación con la escultura, o la máquina de escribir con la escritura, «con-figura» su objeto de producción. Son objetos, alfabetos visuales que pretenden poseer el mundo y sus atributos y presentarlos bajo condiciones controladas que especifican foco visual, resolución y contexto espacial. El Renacimiento puso las bases de esa mecánica basada en marcos que disciplinan los fenómenos y que obligan a percibir la actividad humana —incluso cuando nos alejamos de visiones antropocéntricas— únicamente desde esa ventana. Pero la ventana ya es un modo de elección retórica que conforma una interpretación; es el lugar en donde los hombres cuentan su historia.

Aunque la modernidad instauró la visión como eje vertebrador de su hermenéutica, la modelización visual del pensamiento se convirtió en un campo de debate. Primero fue Richard Rorty, quien en *El giro lingüístico* (1967) criticó la suposición de que la filosofía del lenguaje fuera mejor medio para acceder a la verdad que las artes y las ciencias. En los años 1990, Martin Jay rastreó con acidez la tradición antivisual de una parte importante e influyente de la intelectualidad francesa del siglo XX (Sartre, Merleau-Ponty, Foucault, Lacan, Althusser, Debord, Irigaray, Levinas, Derrida), que, en su opinión, en mayor o menor medida denigró la imagen construyendo alrededor de esta un relato neoplatónico de falsedad y simulacro. La imagen, como forma de acceso al conocimiento del mundo, habría supuesto para estos filósofos antipositivistas un ataque a los fenómenos que no podían ser expresados visualmente, dadas las complejas capas semióticas, culturales y políticas de las que emanan. Sin embargo, también en la década de 1990, Tom Mitchell consideró que se estaba produciendo un «giro hacia las imágenes» *(pictorial turn)* en la esfera de la cultura y las ciencias humanas. Para ello, se servía de la semiótica de Pierce —contraria a la iconofobia de Wittgenstein— y de los «lenguajes visuales» de Nelson Goodman, así como —contradiciendo a Jay— de la «gramatología» de Derrida o de los regímenes escópicos propuestos por Foucault. Para Mitchell, este giro tenía que ver con las construcciones de modelos o figuras para hablar «de otras cosas» (Mitchell, 1995).

Por aquellos mismos años, cada vez más dominados por los nuevos marcos de la cultura digital, Barbara Maria Stafford también emprendió una crítica razonada a la «totemización del lenguaje como agencia divina en la cultura occidental», llevada a cabo —a su juicio— por Foucault, Adorno, Saussure o Chomsky, los estudios culturales y la antropología. Stafford sostenía la necesidad de actualizar un pensamiento capaz de articular un conocimiento «pictorializado» de los fenómenos adaptado a los nuevos formatos de la comunicación digital, y defendiendo la virtud de las imágenes como medio de debate en la construcción de sentido. Stafford urgía a inventar una interdisciplina de la imagen para afrontar los dilemas éticos de la transparencia tecnológica, evitando lo que denominó «ruinas interpretativas del posmodernismo lingüístico» y sus combates «meramente verbales». Circunvalando interesadamente las ideas de Aby Warburg o Tom Mitchell sobre la importancia de generar una disciplina propia de las imágenes, una suerte de filología visual —iconología— reveladora de la intrincada psicología del mundo en sus expresiones visuales, Stafford planteaba que la tarea fundamental de este nuevo experto, que ella llama «imagista», es «rehacer la imagen», buscar su «emancipación» a través de la construcción de un nuevo paradigma que sitúe la «visión inteligente» junto a la «lectura crítica» como objetivo pedagógico (Stafford, 1996).

Creo no exagerar al decir que estas críticas formaron parte de lo que podría considerarse la primera gran batalla iconográfica en el ámbito intelectual del pensamiento y de la ciencia. El surgimiento de la cultura digital, con sus nuevas posibilidades de edición, difusión y sobre todo de transliteración, abonó la tentación de establecer un modelo universal de traducción: en una trama babélica en la que todos los lenguajes —humanos y técnicos— conviven en una dimensión aparentemente unitaria y horizontal, la imagen podía proponerse como el formato lingüístico común. Este fue un debate sostenido desde la pragmática de las nuevas industrias y mercados digitales, que vieron en la noción de interfaz la promesa para cumplir sus anhelos de escala. Recordemos que una interfaz es un sistema de comunicación que sirve para traducir lenguajes y formatos, o conectar modelos y escalas diferentes. Y, al mismo tiempo, es un dispositivo que facilita la usabilidad de sistemas técnicos complejos de información y producción en manos de cualquier usuario. Si Paul Valéry había dicho en su día que la religión provee a los hombres de palabras, actos, gestos y pensamientos para las circunstancias en que no saben qué decir, qué hacer o qué imaginar, las interfaces ofrecían el prestigio de lo simple (su comprensión universal), lo inmediato (su accesibilidad) y lo eficaz (su consistencia), proveyendo a los hombres de modelos de interpretación y dicción para atender las cosas del mundo cada vez más complejas e inabarcables.

La visualidad en la era digital se presentó como una promesa desacomplejada de dirimir las múltiples capas de la vida mediante imágenes liberadas de las coartadas del lenguaje verbal. Las imágenes pasaron a ser interfaces, órganos de traducción y producción, pero sobre todo mecanismos de inscripción nada inocentes ni transparentes. Los mimbres cosidos —y descosidos— por la lingüística postestructuralista no cuadraban bien con la interpretación pregnante de los términos visuales, que deben ser adhesivos para poder operar en red. No es casualidad, como ha explicitado Michelle Mezza, que la pandemia de la covid se haya contado en el marco de un modelo comunicacional en el que los dos mundos —el del coronavirus y el de internet— presenten tantas similitudes, empezando por el vocabulario, las figuras retóricas y las categorías conceptuales: contagio, virus, transmisión, cadena, red, higienización, inmunidad, seguridad (Mezza, 2020: 25).

La mutación del lenguaje escrito en alfabeto iconográfico en el contexto de una economía acelerada de la atención nos cuenta el enorme influjo de un modelo representacional nacido al abrigo de los relatos científicos, técnicos y productivos necesitados de metáforas que se proyectan como «causas necesarias» de un deseado régimen lingüístico unificado.

Esas metáforas, además, tienen la cualidad de ser lo que Michael Lynch denominó «objetos dóciles», de domesticar el sujeto de la investigación para convertirlo en un objeto apto en términos de manejo mediante los métodos y costumbres establecidos por la ciencia y sus instrumentos. La noción de docilidad tiene —de nuevo— evidentes rastros foucaultianos —los «cuerpos dóciles»—, pero también resuena en ella la idea de los «registros dóciles» planteada por el sociólogo y etnometodólogo Harold Garfinkel al referirse a los escritos, grabaciones, fotografías, gráficos y mapas de una investigación. Garfinkel describe estos registros como «representaciones» del trabajo que los produjo, y que son más significativos por lo que ocultan sobre sus genealogías prácticas que por lo que revelan sobre ellas (Lynch, 1985).

Todos sabemos qué es un átomo. Pero no es muy cierto. La mayoría de nosotros diríamos que es un elemento primario de la materia, algo muy pequeño, pero poca cosa más. No obstante, todos sabemos dibujarlo: es un núcleo alrededor del cual orbitan unos electrones. Naturalmente, así no es un átomo de verdad. De hecho, es casi imposible obtener una imagen de él porque es más pequeño que la onda de la luz visible más corta que podamos utilizar. Fue el físico Ernst Rutherford quien ideó en 1911 el modelo orbital que conocemos hoy, partiendo del modelo atómico «planetario» concebido previamente por otros físicos, especialmente por Hantaro Nagaoka en 1904, que se inspiró en los anillos de Saturno. La pregnancia de aquella imagen radica en la capacidad para relacionar lo más pequeño y lo más grande, en la potencia de un relato que une escalas enteramente disímiles y que nos dice que todo está hecho de átomos y que estos solo hacen que reflejar la estructura íntima de todo el universo. Los modelos creados mediante el microscopio y el telescopio no podían vivir ajenos los unos de los otros: necesitaban de una unidad narrativa, de un *modo relacional de verse*. La descripción del átomo, sugirió François Jacob, es tanto una creación como un hallazgo (Jacob, 2004: 139). El establecimiento de modelos visuales en el dominio científico es tanto o más importante que el descubrimiento del fenómeno que quieren representar. Sin ellos, la ciencia no podría establecer su estatus social —«sin metáforas, los conceptos [científicos] son pobres y solo tienen una estructura mínima y esquelética» (Lakoff y Johnson, 1999: 145)—, y aún más relevante, sin ellos, el poder no podría justificar el uso de la ciencia como el poderoso argumento biopolítico que es.

En julio de 2022, pudimos ver las primeras imágenes enviadas por el Telescopio Espacial James Webb de la NASA, diseñado principalmente para capturar el espacio profundo mediante luz infrarroja. El mundo se quedó boquiabierto ante unos paisajes sobrecogedores que condensaban la imaginación de lo inconmensurable, de lo sublime [5].

El artista Trevor Paglen planteó, por el contrario, unas consideraciones iconológicas muy interesantes[9]. Consciente de que estas imágenes afectan sobremanera a los imaginarios populares, recordó que las imágenes no existen en un «vacío», sino que nuestra experiencia con ellas tiene que ver con el modo en el que nos las han contado. En el caso del Telescopio James Webb, se nos dice que estamos viendo unas fotos que muestran las magnitudes más lejanas del universo y del tiempo, una suerte de «verdad eterna». No obstante, esas imágenes revelan también el marco en el que hemos sido educados para comprenderlas. Por ejemplo, los colores que se ven no son reales. El telescopio recoge fotones en longitudes de onda mayoritariamente fuera de lo que percibimos como luz visual. Esto significa que alguien tiene que traducir estas longitudes no visibles en luz visible de forma que podamos ver los datos como «fotografías». La NASA dispone de una guía para realizar esta extrapolación: se llama «Hubble Pallet» [«Paleta Hubble»], y señala cómo convertir, por ejemplo, las emisiones de sulfuro en color rojo, el hidrógeno en verde y el oxígeno en azul. Paglen se preguntó de dónde procedían esas convenciones, sospechando que se trataba de un mo-

---

[9] https://twitter.com/trevorpaglen/status/1547284544398790658?t=qtzOojEbMtGQOpsnvzR86w&s=09 (13 de julio de 2022).

5. Imágenes (originalmente en color) del espacio profundo enviadas por el Telescopio Espacial James Webb de la NASA, julio de 2022. Fuente: NASA, ESA, CSA, STScI.

delo estético, de un *modus* marcado por unas determinadas elecciones. Efectivamente, las indicaciones de la NASA —sobre encuadres, colores, texturas y sombras— venían marcadas por el lenguaje visual del paisajismo del Oeste americano del siglo XIX (Kessler, 2012). Las imágenes del espacio presentan unos modelos visuales muy interiorizados con el tiempo, y además nos proyectan un argumento geopolítico y mitológico muy poderoso: «[...] mirar a las profundidades del cosmos es como mirar a la frontera americana del siglo XIX».

La gestación de la imagen de la covid también participa de estos modelos de producción política. La primera imagen del virus de la covid-19 se obtuvo en enero de 2020 en la Universidad de Hong Kong [6], y en ella se aprecian los característicos picos exteriores del virus que asemejan una corona. La analogía con una corona no es nueva: fue en 1968 cuando se propuso llamar «coronavirus» a un conjunto de virus que recordaban una corona solar.

Poco después, The Centre for Disease Control and Prevention (CDCP) del gobierno estadounidense hizo público un escáner «más definido» del virus [7].

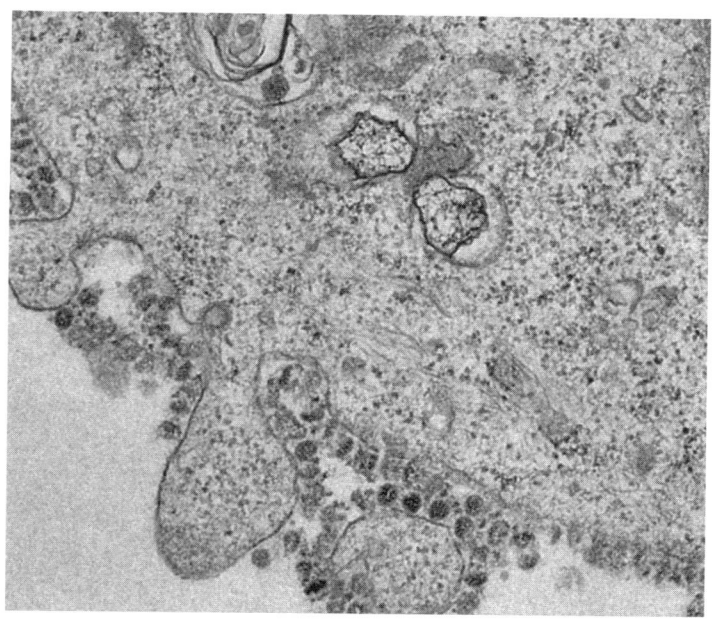

6. Primera imagen electrónica del virus de la covid-19, enero de 2020. Fuente: Universidad de Hong Kong.

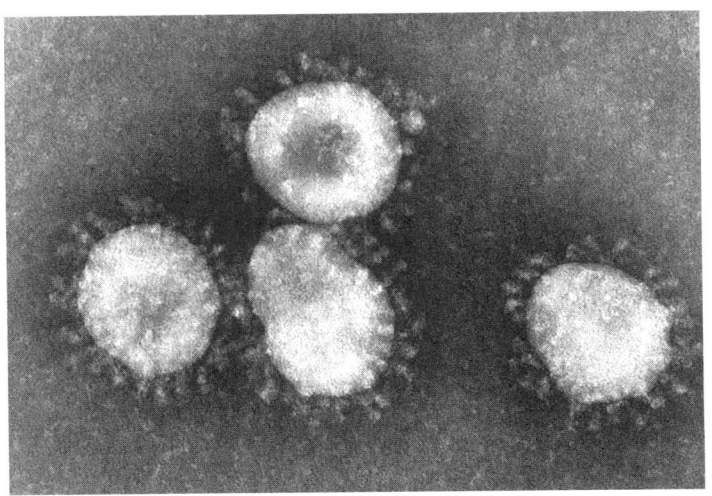

7. Imagen electrónica del virus de la covid-19, tomada en enero de 2020. Fuente: Centre for Disease Control and Prevention (Estados Unidos).

No estamos ante unas fotografías. A diferencia de las bacterias, cuyo tamaño puede medirse en micrómetros, el de los virus oscila entre los 10 y los 100 nanómetros. No hay fotografía posible que los pueda captar. Su representación solo se hizo factible con la invención del microscopio electrónico en 1932. Una imagen electrónica, como estas del coronavirus, es el producto del trabajo en colaboración de numerosos grupos de estudio científicos, equipos de laboratorio e ilustradores gráficos. Se trata de un proceso que somete la exploración microscópica inicial a una serie de «operaciones reductoras» que implican la «selección» y la «matematización», que extraen, aíslan, tiñen y vuelven a colorear el virus según convenciones establecidas que lo descomponen en sus componentes principales y simplifican la apariencia de su contenido, para facilitar el análisis[10].

Así, primero, las imágenes electrónicas se producen en blanco y negro. Luego se les aplica color, como en las que mostramos realizadas por The National Institute of Allergy and Infectious Diseases (NIAID), en febrero de 2020 [8, 9, 10].

Esto requiere un proceso de digitalización que tiene tres etapas: la uniformización (la asignación de campos de color específicos y sólidos), la actualización (que estabiliza y consolida los contornos) y la definición (que ubica la ilustración resultante en un fondo oscuro o vacío, quitándole el «ruido»). Para distinguir el virus de las células sanas, los grafistas sanitarios escogen colores llamativos, siguiendo principios de contraste visual. Las tintas más fluorescentes se aplican en los componentes del virus considerados más cruciales. Aparece aquí una determinada retórica del miedo. Roberta Buiani, tras estudiar este tipo de cromatismos en las representaciones científicas de los virus, señaló que «la propensión de la mayoría de las ilus-

---

[10] «Dado que la naturaleza de los virus rechaza la definición universal y la homogeneización gráfica, las convenciones tecnoestéticas intervienen para garantizar que el objeto visualizado se ajuste a algún estándar mínimo de identificación» (Buiani, 2014: 547).

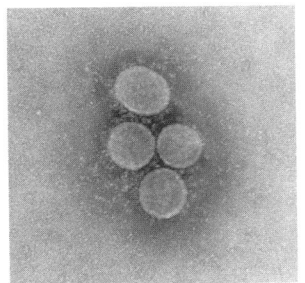
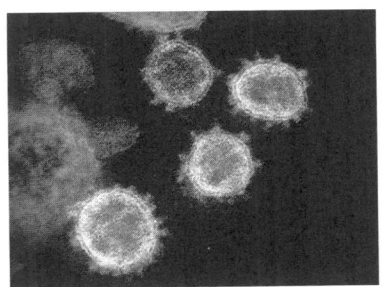
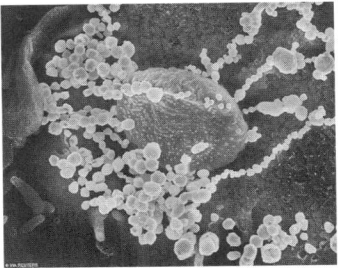

8, 9, 10. Imágenes electrónicas (coloreadas) del virus de la covid-19, realizadas en febrero de 2020. Fuente: The National Institute of Allergy and Infectious Diseases (Estados Unidos).

traciones a mostrarlos en colores llamativos y fluorescentes, en contraposición a los colores pálidos y claros, comunica una agresividad potencial a los espectadores de estas imágenes» (Buiani, 2014: 549).

Mientras tanto, en aquellas primeras semanas inciertas de enero de 2020, vino en ayuda una ilustración médica creada por Alissa Eckert y Dan Higgins para el CDCP, y pronto llamada *Spiky Blob* [«Grumo espinoso»], que empezó a ser rápidamente difundida [11]. Eckert denominó a esta imagen una «foto de realce» de la molécula del virus (o virión). Explicó que experimentaron con varios esquemas de color hasta que se decidieron por el rojo y el gris con toques de naranja y amarillo. «Simplemente destacaba», dijo Eckert a la prensa. El fondo es ya totalmente neutro: vemos el virus presentarse destacado en un primer plano, frente a nosotros, cara a cara, interpelándonos con voz y semblante únicos. En cada etapa del proceso de fabricación visual podemos observar cómo se acumulan diversas tensiones biopolíticas que tienen que ver con los regímenes científicos y culturales asociados con la gestión sanitaria, además de percibir que las suposiciones culturales que definen la maldad de los virus afectan a las formas en que se reproducen visualmente. Son decisiones que, efectivamente, afectan a los temores y ansiedades de un público enfrentado al riesgo secular de la infección en masa. Una de estas decisiones es la descontextualización.

La ausencia de ruido es un elemento central en la producción de estos dispositivos metafóricos y refleja la tensión entre el dato y el contexto, entre la objetividad matemática y la necesidad del debate con aquellas actrices y actores que no han sido procesados durante la elaboración gráfica. La reducción del ruido a mero silencio es relevante, no porque el ruido quede fuera de la ilustración o del diagrama —ya que está implícito en ellos cuando observamos los espacios blancos que rodean las líneas y los ejes, o en el fondo negro y neutro en el que se perfila el virus coloreado—, sino porque carece de expresión definida. En una imagen digital,

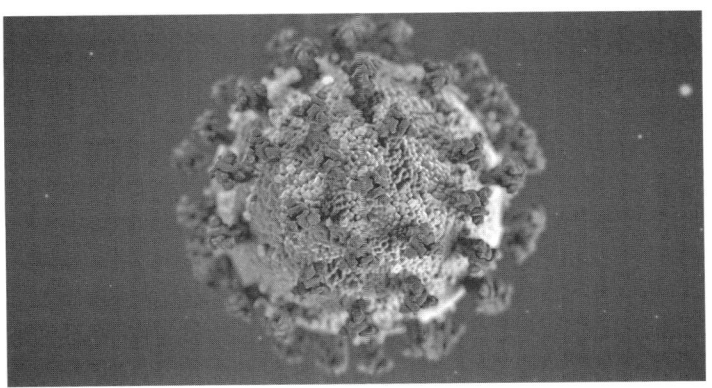

11. Ilustración *(Spiky Blob,* del virus de la covid-19, realizada en enero de 2020. Fuente: Alissa Eckert y Dan Higgins para The Centre for Disease Control and Prevention (Estados Unidos).

muchos de los detalles sobrantes de un fotograma en bruto se convierten en el «ruido» que hay que eliminar en lugar de ser garantes de la autenticidad del producto. Porque es el contexto lo que debería garantizar la realidad original del relato. Por el contrario, el ruido se deja ahí como un recuerdo de los parásitos que siempre surgen en las tomas de decisión y que «contaminan» el objetivo deseado de todo procedimiento. Michel Serres, al tratar sobre los efectos de las teorías de la información en la vida social en su clásico *El parásito,* percibió cómo el modelo señal-ruido condenaba a este último a ser un mero «fondo extraño». Siguiendo a Gregory Bateson, que había afirmado que el ruido es la fuente de los patrones alternativos, Serres se

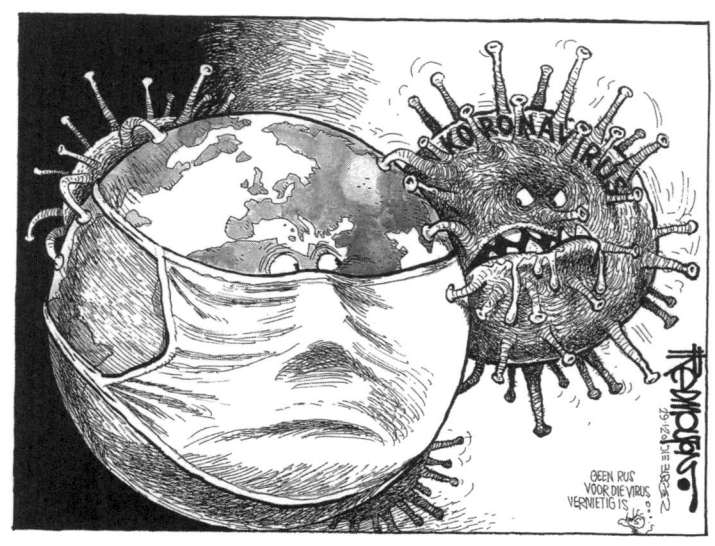

12. Ilustración de Fred Mouton, diario *Die Burger*
(Sudáfrica), 29 de enero de 2020.

preguntó sobre las posibilidades productivas y creativas
del ruido, sobre su potencial capacidad para generar todo
un nuevo sistema, una nueva interpretación de lo real:
«¿Podemos reescribir un sistema no en la clave de una "armonía preestablecida", sino como el libro de las diferencias,
el ruido y el desorden?» (Serres, 2007: 26-28). Convertir la
vida en dato también debería explicitar el ruido que ese
proceso conlleva.

Precisamente en relación con el ruido producido por el
parásito pronto surgió una metáfora de gran arraigo. En

una caricatura del virus atacando a la Tierra firmada por Fred Mouton y aparecida el 29 de enero en el diario sudafricano *Die Burger*, todos los rasgos de la «cosa» empiezan a asentarse, o como diría Aby Warburg, emergieron todas las supervivencias iconológicas [12]. Las alusiones a la manada, la conversión de los picos en ventosas, su antropomorfización y su expresión malvada y viscosa presentaban la imagen finalmente objetiva del problema. Frente a la incertidumbre, expresiones claras e inequívocas. Surge el monstruo.

Bruno Latour se ocupó de la condición monstruosa de las nanoimágenes, de las representaciones de la vida más diminuta. Su carácter teratológico tiene que ver tanto con sus extrañas morfologías —solo reveladas en los microscopios— como con la amenaza de su infiltración indetectable y su supuesta capacidad de proliferación. Todo lo pequeño «parece» que se multiplica muy rápido. Mary Douglas habló del monstruo como de algo que amenaza las fronteras —y los orificios— y que, por tanto, debe ser «purificado, puesto en segundo plano o negado». Las prácticas científicas tienden siempre a purificar, a domesticar estas percepciones en nombre de una neutralidad procedimental[11].

---

[11] «Los monstruos se convierten en algo que se puede acomodar a las prácticas existentes, y ello se hace evidente cuando se utilizan las representaciones científicas, los diseños gráficos y las impresiones de los artistas sin necesidad de trazar una frontera entre ellos» (Ruivenkamp y Rip, cit. en Coopmans *et al.*, 2014: 182).

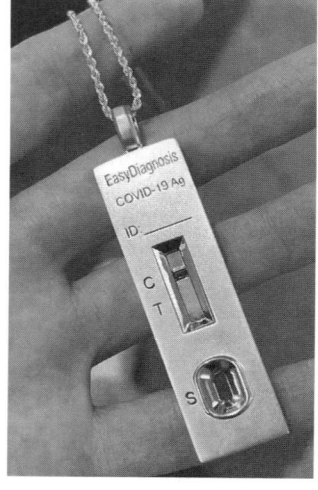

13. Amuleto de oro del test de antígenos, China, 2023. Fuente: Naomi Wu (@RealSexyCyborg).

La lucha contra el virus ha tenido un carácter marcadamente magicista y las imágenes han sido un instrumento muy poderoso para purificar y contener el asedio de los «bichos». Desde los amuletos del test de antígenos hechos de oro y convertidos en colgantes [**13**] hasta las fiestas de disfraces de la covid durante los confinamientos [**14**], los flujos en red que representan las imágenes espejan el contagio de la comunicación social.

Las imágenes técnicas no escapan a ese principio expurgatorio. La conversión de una primera imagen electrónica en blanco y negro en un tropo familiarizado y paródico del monstruo no solo revela la capacidad de la imagen contemporánea para mutar bajo las condiciones meméticas y agenciales de la comunicación en red, sino que nos invita a observar cómo se modela como objeto biopolítico, siendo traspasado por diversas capas procedimentales que persiguen un estado de conciencia colectivo cuya topografía que nos envuelve nos es, en realidad, enajenada. Las secreciones de la curva o de la monstruosa y caricaturesca ilustración no solo hablan de dispositivos políticos en la producción de la representación; en ellas también se imprimen los caracteres de una biopolítica de la frontera.

Por ejemplo, el caso del virus del Ébola —cuyo mayor brote se produjo entre 2013 y 2016 en África occidental, especialmente en Guinea, Liberia y Sierra Leona, y que cau-

14. Fotografía de la familia Márquez (Guadalajara, México), Navidad de 2021. Agradezco el permiso de reproducción.

15. Técnico sanitario en Liberia, 2014.
Fuente: EU Civil Protection and Humanitarian Aid.

só oficialmente la infección de 28.000 personas y la muerte de más de 11.000 (seguramente fueron muchas más)—nos sirve de contrapunto respecto al tipo de comunicación visual en comparación con el de la actual pandemia. Las imágenes más repetidas en diarios y noticiarios fueron los técnicos sanitarios, mayormente occidentales, embutidos en sofisticados EPI (equipos de protección individual) que les cubrían de pies a cabeza [15].

La semblanza con la imagen de un astronauta enseguida captó la atención en los pies de las fotografías. Helène

Joffe analizó los efectos de aquellas imágenes entre los lectores europeos y concluyó que «piensan en él [el Ébola] como una enfermedad de tipo ciencia ficción, con connotaciones de un universo ficticio que, en consecuencia, despierta poca sensación de temor o de empatía por sus víctimas» (Joffe, 2008: 90-91). Al mismo tiempo, Joffe señala otro efecto del uso de esa iconografía: al globalizar el riesgo del Ébola mediante la presencia *in situ* de una sofisticada asistencia occidental, se propagaba la idea de la capacidad de Occidente para controlarlo y evitar su llegada «a casa».

No se vieron apenas curvas del Ébola en las portadas de diarios y noticiarios. El devenir iconográfico de aquella epidemia se urdió a través de una economía del peligro en un espacio lejano, el africano, condenado a la univocidad en el régimen todavía colonial de las imágenes. El temor al Ébola se expresaba mediante referencias al mundo abierto por los mercados en el que ya no existen fronteras entre las imágenes, las gentes y las mercancías, y las cosas que pasan lejos ya no están lejos. Era, por tanto, cuestión de mantener el control sobre la circulación entre sistemas disímiles, el de Europa como baluarte y el de África como extramuros. El Ébola (o el dengue, el zika, el SARS, o tantos otros virus) podría llegar a casa como el virus del VIH había llegado décadas atrás. El virus del Ébola despertaba, además, el viejo temor a lo ingobernable: se transmite por fluidos corporales, no tiene cura ni vacuna y suele conducir a una muerte rápida. La imagen del peligro alienígena, surgido de las entrañas de una selva incontrolable y regida por un relato de procaz compulsión en las relaciones entre hombres y animales, fue enfrentado con tecnología espacial, reflejando las viejas fantasías de las nuevas gobernanzas técnicas, que todavía encarnan el poso moral asociado a las enfermedades, tal y como explicó en su día Susan Sontag.

En su ensayo *La enfermedad como metáfora,* escrito durante un largo tratamiento de cáncer en 1978, Sontag analizó cómo el uso del lenguaje médico es siempre moralista. En el pasado —señalaba—, la idea de plaga se asociaba al desorden social, y la sífilis era sinónimo de corrupción corporal. En la tradición política occidental, los términos «cáncer» o «infección» han sido codificados para definir a aquellos que no pertenecen al cuerpo social, incluso violentamente. Es un hecho fácil de constatar que los humanos tendemos a buscar un sentido al dolor y al sufrimiento. Muchos de esos relatos tienen que ver con juicios de carácter social y moral: «la mala vida», «no me lo merezco». Parece consustancial la íntima analogía que establecemos entre el carácter moral y el castigo o premio que representa la salud. Clarificador de esta memoria fue el caso del sida, que si bien pronto fue inscrito como emergencia, tardó mucho en construirse visualmente alrededor de un «estricto» orden técnico-sanitario (el condón y la curva) ajeno ya a discursos moralizantes sobre la sexualidad o la drogodependencia [16]. Así, las fotografías de los cuerpos lastimosos de los enfermos de VIH o de los contagiados por Ébola acabaron desapareciendo del chorro general de los medios. Se trataba no solo de no mostrar al enemigo a

16. Cartel de una campaña francesa
para la prevención del contagio del sida
en los años 1990. La imagen de la curva siendo
doblegada se presenta asociada a un acto de
responsabilidad individual y disciplina social.
Archives Nationales, París.

las puertas de casa, sino de producir una hipocresía bien calculada sobre la verdadera omnipresencia de los «malos hábitos» del cuerpo social[12].

Pero lo ingobernable finalmente se presentó en todas las casas en forma de covid. La imagen del astronauta emplazado en un territorio alejado dejó de tener sentido, porque todos éramos astronautas, en los hospitales, en las casas. La curva, por el contrario, actuaba bajo otras agencias. Si en la representación de los fenómenos cualitativos la antropomorfización ayuda a definir su posición relativa en términos culturales, en la de los fenómenos cuantitativos —bajo la que se constituyó el tropo estadístico de la pandemia— las gráficas y esquemas contribuyen a hacer posible una comprensión más fácil de las escalas. Complementariamente, la curva alienta un sistema cuasi oracular —la magia estadística— a partir del cual muchos ciudadanos se sentían vinculados a la hora de tomar decisiones. Ambas metáforas, las biológicas y las gráficas, buscan tanto el apego como el desapego ante los fenómenos, pero, sobre todo, constituyen lo que Boaventura de Sousa Santos describe como «un intento de domesticar este virus como fenómeno y de intentar enmarcarlo en el dominio de lo comprensible en el ámbito social, filosófico y cultural. Las metáforas, lejos de ser arbitrarias, son intencionales, invocan di-

---

[12] De un lado —ha escrito Brigitte Nerlich— la enfermedad sigue evocando un conjunto de imágenes medievales de fuego, infierno y peste —los cadáveres—; en el otro, los muertos se vuelven invisibles en forma de gráficos (Nerlich, 2020).

ferentes tipos de acción e imaginan diferentes sociedades pospandemia» (Santos, 2021: 25).

Ya ha sido suficientemente estudiado cómo los elementos visuales proyectan a las personas hacia vías emocionales, mientras que el material textual/verbal las deja en una vía de pensamiento más racional, lógica y lineal (Joffe, 2008: 84). La curva, emplazada en un registro intermedio, apela visualmente a un orden de amenaza que prende el ojo, pero también invita al establecimiento de una mirada más fría y racional, más desprendida. Se ha establecido con bastante propiedad que el uso del miedo en las imágenes de las campañas sanitarias o de prevención de riesgos, como ocurre en las del tabaquismo, en las de enfermedades de transmisión sexual o en las de accidentes de tráfico, interfiere severamente tanto en la atención como en la retención de la información, induciendo a los espectadores a apartar la mirada (Joffe, 2008: 86). El realismo o mímesis de la curva (solo aparente) también puede provocar efectos de temor, pero lo hace de una manera distinta a las de las imágenes de cuerpos afectados o que representan los efectos más crudos del desastre. Su realismo cientifista no está preñado del efecto empático necesario que regula la adhesión, el disgusto o la apatía puramente emocionales. Joffe ha señalado que la «fatiga estadística» producida por el uso y abuso generalizado de los datos, a los que ya estamos acostumbrados desde hace años, está relacionada con el hecho de que ciertas visualizaciones transmiten muy poco sobre las personas a las que representan, lo que sienten, cómo suenan y cómo se ven. En el caso del Ébola, toda referencia al sufrimiento fue enterrada en virtud de una organización tecnológica que se pretendía capaz de «controlar la vida» a distancia. En relación con la covid, las dimensiones interpretativas de la actividad que dieron forma a los datos también se vuelven invisibles, «no tanto ocultas como simplemente ausentes de la vista, ausentes sin dejar rastro» (Drucker, 2020: 10-11).

En la visualización científica de los fenómenos biológicos, estas improntas del biopoder y la biopolítica se inscriben con gran crudeza. Es una de las ideas fundamentales propuestas por el filósofo Roberto Esposito: el intento de gobernar los virus manteniéndolos dentro de ciertas categorías y formas visuales estandarizadas refleja el «conflicto interminable» entre la «vida» de la sustancia submicroscópica y las «políticas» de producción y representación. Este es un régimen de poder que anticipa las sorpresas, que persigue la predicción de modo que el sistema mantenga unas propiedades equilibradas. En palabras de Foucault, «tomar el control de la vida y de los procesos biológicos del hombre-como-especie y asegurar que no son simplemente disciplinados, sino regularizados». La curva es especialmente sensible a esta interpretación, en la medida en que proyecta un horizonte en el que la experiencia de la vida, la muerte y el riesgo se acota bajo el dictado de un «poder de intervención que permite la vida», y cuyo alcance pretende cubrir todo el espectro social gracias precisamente a la sugestión de que todo el cuerpo social es el que está concernido. Las lecturas optimistas como las de Benjamin Bratton en relación con el papel de estas metáforas visuales y con su potencialidad para recoser la complejidad de los sistemas vivos encarnados en cada uno de nosotros no tienen presente que, en la curva, la expresión social se define de modo totalizador, al pretender no dejar ningún cuerpo fuera, ningún cuerpo sin contar. La curva no refleja que «la pandemia es la venganza de lo real que pone patas arriba las cómodas ilusiones», tal y como sugiere Bratton. Por el contrario, espeja cómo lo real es transformado en biopolítica. Y aunque Bratton ciertamente defiende que existen diversos modos de relato que pueden escapar de la dictadura de la inscripción, es imposible obviar que la curva solo cuenta los cuerpos que permiten la intervención reguladora del poder, no los que disipan su potencia biopolítica, por ejemplo, desdiciendo las predicciones. En las estimaciones inherentes a toda curva, el cuerpo social es obligado a verse reflejado en ella como un todo.

La curva, por consiguiente, es un mecanismo metafórico no tanto policial como estandarizador[13]. Este biopoder se fundamenta en que el organismo deviene un sistema de información que acaba siendo en la práctica una bioecono-

---

[13] «[Este tipo de régimen] no es directamente coercitivo, sino que opera midiendo las tendencias generales, trazando un mapa de las mismas, extrapolando los fenómenos y, en última instancia, emitiendo recomendaciones sobre el modo en que las poblaciones deben comportarse para evitar perturbaciones inesperadas en el sistema. Dado su mandato de crear un sistema de control y proporcionar datos y productos visuales regulados, predecibles y "típicos", la visualización se convierte en un mecanismo de gobierno del virus basado en el biopoder» (Buiani, 2014: 544).

mía; es la propia metáfora la que se convierte en programa de investigación pero también en dispositivo de plusvalía comunicacional, o en la traducción de Donna Haraway, «un mundo biológico como estrategia de acumulación en el fructífero colapso de la metáfora y la materialidad que anima la tecnociencia» (Haraway, 1997).

También la metáfora de la ola parte de este mismo principio. El antropólogo Stefan Helmreich lleva años analizando la génesis y el uso de la figura de la ola en el lenguaje sociotécnico, así como sus reflejos y efectos en la interpretación de los fenómenos críticos. La recurrencia de la ola, que nunca viene sola sino en secuencias, adquiere una especial disposición para ilustrar los desastres y sus condiciones paradójicas: repetibilidad y previsibilidad, distancia e inmediatez. En 1883, el médico inglés Arthur Ransome ya señalaba la analogías entre epidemias, océanos y olas[14], probablemente influido por el famoso grabado de Katsushika Hokusai titulado *La gran ola de Kanagawa* (1830), en el que una ola gigantesca amenaza la vida de unos remeros. Producto del imaginario líquido de la termodinámica capitalista —como el conocido modelo de ondas de Maxwell—, la ola se presenta como una metáfora naturalista que es

---

[14] «El curso de una enfermedad epidémica puede compararse acertadamente con una ola, que se eleva gradualmente y luego desciende, con mayor o menor regularidad, para volver a elevarse después de un periodo que ciertamente varía, pero que, en la misma enfermedad, es lo suficientemente regular como para tener derecho a la comparación con "una ola sobre el mar embravecido"» (Ransome, 1868: 386).

automáticamente enfrentada a una gestión técnica de su control. La aplicación de esta lógica de las olas permite convertir los fenómenos que a ella se acogen en problemas casi exclusivos de ingeniería, cálculo y *management*. Para Helmreich, las olas epidémicas surgen primero como dispositivo de visualización de datos, luego evolucionan hacia un objeto de modelización matemática e investigación causal y finalmente se transforman en una herramienta biopolítica de persuasión, intervención y gobernanza (Jones y Helmreich, 2020).

La investigación estadística que recaba datos y presenta escenarios necesita convertirse en relato y tomar prestadas ciertas metáforas para legitimarse. Algo que sube y baja, acelera y frena, emerge y desaparece solo es posible entenderlo bajo la condición de un espacio preexistente en el que evoluciona y que necesita de metáforas para ser comprendido. Aunque las metáforas se muestran como modelos que pueden usarse de modo «estrictamente técnico» para solventar problemas cuyas soluciones son difíciles de encontrar y aún más de explicar (Benzi y Novarese, 2022: 18), lejos de ser inocentes o neutras despliegan toda una serie de latencias morales que no desaparecen con facilidad y que emergen oportunamente al ocuparse de la vida. Bender y Marrinan han hecho notar cómo la «sinuosidad» de las curvas gráficas aparecidas en el siglo XIX generaba en el lector una sensación de vida animada, una suerte de magia, tras los números impersonales (Bender y Marrinan, 2010). Es fácil ver aquí las deudas visuales con disciplinas como la astrología. Las primeras genealogías se hicieron mediante figuras de árboles, que sugieren el hilo de la dependencia y el parentesco en el flujo de información a través de las generaciones. Darwin convertiría estas metáforas botánicas en modelos de taxonomía biopolítica. William Playfair señalaba a finales del siglo XVIII que las líneas de una gráfica funcionaban «como en geografía lo hace la anchura de un río, o cualquier otra extensión de país», con sus mesetas, picos y pendientes (cit. en Maas y Morgan, 2002: 106), una visión envuelta en las lógicas geográficas del colonialismo de la época. William Whewell asociaba las curvas gráficas a las formas y movimientos de las mareas, fluidas pero también imprevisibles, y por lo tanto susceptibles de ser atendidas por las nuevas ciencias de la probabilidad. La idea de mapa estaba implícita, teniendo presente —como recuerda Johanna Drucker— que los mapas son el registro de las exploraciones, fáticas y táctiles cuando se crean desde dentro de la experiencia del descubrimiento, pero que se racionalizan a través de la proyección cuando se producen desde fuera, como imágenes. Ese es el lenguaje de la cultura de la interfaz (tan sujeta al cálculo estadístico), que lo debe casi todo a las ciencias del cielo y del mar (Marzo, 2015). El mar, las estrellas y el aire han estado siempre ahí como los elementos con comportamientos más impredecibles y necesitados de control, siempre a punto de reventar sobre las cabezas de los marineros. Son fenómenos casi invisibles que es necesario domesticar, antes que nada con la mirada, para luego ser cuantificados en términos espaciales. Primero fue prever para prevenir, con horóscopos, cartas de navegación, sextantes y barómetros.

Luego llegó la famosa dinámica de fluidos, explicando cómo convertir el remolino en turbina, el azar en trabajo y la energía en capital. La curva no es más que la conversión de la energía de las «partes interesantes» de la vida en dispositivo de producción política.

La delgada línea del Contrato Social

La estadística es la ciencia del Estado, el instrumento principal para una cuantificación de los gobernados. Su origen moderno se remonta a la gestión del censo y a la recaudación de impuestos. El surgimiento de una administración centralizada en el siglo XIX hizo que todo se planificara: cadenas de suministro, control de precios, listas de jóvenes en edad militar, registros criminalistas. Desde que el filósofo, historiador y economista Gottfried Achenwall acuñara el término *Statistik* en 1749 para designar el análisis de datos relativos a la administración estatal en uno de los lugares más ardorosamente orientados a la burocracia vertical, Prusia, toda Europa se entregaría a traducir sus sociedades en prolijas láminas de números a partir de las cuales ejercer el poder en un proceso de complicados equilibrios: por un lado, las políticas estatales deberían conducirse teniendo en cuenta la realidad social expresada en aquellas columnas numéricas, con sus consistencias y desviaciones; por el otro, el dictado del Estado podía transformar la propia realidad social y hacer que los números (y las conductas que representan) se ajustaran a la planificación. Las nuevas administraciones públicas asumieron la idea de que la política podría convertirse en una ciencia empírica, matemática, métrica. Tanto es así que en la Inglaterra de entonces este tipo de análisis se denominó «Política aritmética».

El cálculo del riesgo empezó orientándose hacia el calculador, hacia la propia organización administrativa. De ahí la obsesión por los organigramas que expresaban estructuras de gestión y reflejaban las dinámicas direccionales del poder y el movimiento de los bienes a través de un sistema de producción que llamativamente estaba ausente de agentes humanos, «como si los procesos fueran un hecho inevitable y natural» (Drucker, 2020). El Estado debía asegurarse una capacidad de estimación lo suficientemente funcional para evitar derrapes y desviaciones que pudieran desestabilizarlo. Por ello, pronto se hizo evidente la necesidad de conseguir una adhesión voluntaria de los gobernados a sus dictados tras descubrir que la coerción violenta puede ser enormemente costosa en términos políticos y económicos pero, sobre todo, en relación con los propios pronósticos, pues los altera sobremanera.

Eso es precisamente lo que ocurrió en las dos décadas revolucionarias francesas del siglo XIX, desde 1830 a 1848, que han sido denominadas la «era del entusiasmo estadístico» (Hacking, 2020). El Estado respondió con el arma de la «ciencia moral», que es como entonces llamaban los políticos franceses a la estadística, descrita como el medio mediante el cual se debía conocer y controlar mejor a sus ciudadanos, alterando sus condiciones de vida de modo que disminuyeran las inquietudes ante los riesgos y se fortalecieran adhesiones y «tenores morales». Ian Hacking recuerda cómo la enfermedad, la locura y el estado físico y moral del lumpen, *les miserables,* crearon una fascinación morbosa y temerosa por los números de la que se alimentaron las burocracias. *Los miserables* no era solo el título de la obra maestra de Victor Hugo, sino un conjunto de páginas estandarizadas en los informes estadísticos de la época, dedicados a los «descontados».

La aceptación de las políticas estatales sobre la administración de la desviación tenía como finalidad la creación de líneas rectas y la prevención de lo irregular. Por consiguiente, el cálculo del riesgo también debía aplicarse a los ciudadanos. Esa es una de las principales razones de la implantación de lo que vino a llamarse el Contrato Social, que establece que el pueblo delega parte de su libertad al Estado, que actuará en su nombre en beneficio de una consistencia común, a cambio de una serie de cuidados, siendo el más primordial el de la salud. El contrato sanitario no es, en todo caso, la mera protección individual ante la enfermedad, sino el vector sustancial de un orden colectivo, ya que puede subvertir las propias estructuras económicas y laborales de las que el Estado se hace garante.

El cálculo estadístico y de probabilidad, una parte importante del cual surgió a la sombra de la anticipación del desastre y de la desviación, fue el motor necesario de la mayor parte de las políticas del riesgo en las que la curva ha ido dibujándose. Una curva es la manifestación del estado de salud de un fenómeno, por consiguiente, está inscrita en un régimen sanitario de control de crisis. La íntima relación entre la noción de crisis y la gráfica de curvas es rastreable en algunas profundas capas iconológicas, en las que es fácil percibir la persistente inscripción de la amenaza. No es de extrañar que una de las primeras representaciones gráficas de líneas que suben y bajan sea la «parábola balística» que registra el cálculo del curso de una bala de cañón. En el Renacimiento, a la estela de las enseñanzas de la física aristotélica y de Arquímedes, el matemático e ingeniero Niccolò Fontana Tartaglia fue de los primeros en publicar un catálogo de esas curvas mortíferas, la *Nova Scientia,* en 1537, que tendrá una enorme influencia en los estados de toda Europa y que inspirará a Galileo en sus estudios sobre los objetos en caída [17]. Al mismo tiempo, una parábola (del griego «arrojar al margen») define un relato metafórico conciso que transmite eficazmente una enseñanza o un mensaje ético. Así, en el interior de la curva, en su doble vertiente de metáfora retórica y de dispositivo necrológico, late un régimen de vida (ascenso) y de muerte (caída) que bebe tanto de la teología cristiana como de una fenomenología cíclica de la historia y de la economía que marcará indeleblemente la evolución de su semántica.

Las relaciones entre la estadística y las políticas sanitarias son muy estrechas y tuvieron en su origen el efecto de que las ciencias de los datos ganaran legitimidad social, como lo demuestra el hecho de que la epidemia de cólera de 1832 convirtió a los europeos en ávidos lectores numéricos, aun incluso siendo analfabetos. La aritmética casi

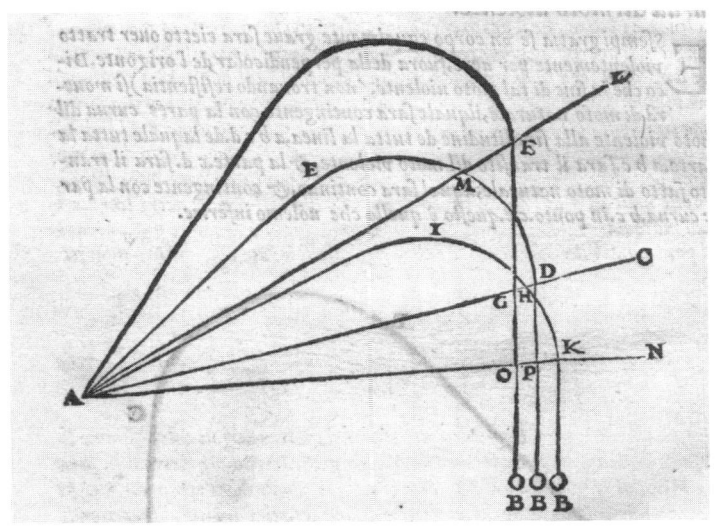

17. Trayectorias de diferentes proyectiles. En *Nova Scientia*
(1537), de Niccolò Fontana Tartaglia.

siempre precede a la alfabetización, recuerda Ian Hacking.
No es casual que en latín clásico «contar» se dijera *compu-
tare* y en latín vulgar *calculare*, porque los niños aprendían
a contar con *calculus,* con piedras. El éxito social de la
«contabilidad» expresada en formatos simples también se
puede observar en el hecho de que, ya en el siglo XVI, comenzaron a publicarse en Gran Bretaña datos de defunciones causadas por epidemias de la peste. El comerciante
John Graunt, por ejemplo, partiendo de una vieja costumbre caritativa que recogía las identidades de los muertos

por epidemias, registró meticulosamente en 1662 los datos de mortalidad de la peste negra en Londres y logró cartografiar los focos de infección, logrando así comprender cómo la promiscuidad física era uno de los factores primordiales de la propagación de la enfermedad, traída por las pulgas de las ratas (Mezza, 2020: 61). Son los primeros pasos en la configuración de una condición predictiva y pedagógica de la estadística sanitaria [18]. Pero también marcó el camino para una descripción de la economía política mediante un lenguaje de la salud. Rudolf Virchow, científico y político alemán del siglo XIX, llegó a manifestar: «La medicina es una ciencia social, y la política no es otra cosa que medicina a gran escala» (Silver, 1987: 82).

En el ambiente positivista de la primera mitad del siglo XIX, las epidemias pasaron a ser comprendidas más como urgencias matemáticas que como urgencias médicas. De hecho, todavía hoy la epidemiología es un ejercicio de contaduría. La convicción de que todos los fenómenos podían ser medibles condujo a pensar que solo es cierto y seguro lo que puede convertirse en dato. Para comprender las matemáticas que hay detrás de las curvas epidémicas que estaban a punto de surgir es necesario tener presente la noción de crecimiento exponencial y de logaritmo, que fueron anticipadas ya en la Inglaterra de finales de la Edad Media por los llamados «calculadores de Merton» (del Merton College de Oxford), al analizar las lógicas numéricas por las que los fenómenos crecen o decrecen en determinados intervalos de tiempo. La aplicación de aquellos descu-

18. John Graunt, tablas de mortalidad de la peste negra
en Londres, 1662.

brimientos en la evolución de las epidemias aún tardaría en llegar pero, a la postre —en concreto con los trabajos sobre el cálculo diferencial de Newton, Bernoulli y Euler—, serían fundamentales en el registro y predicción de los procesos víricos en grupos poblacionales, y hoy siguen siendo la base de las matemáticas sanitarias.

De la misma manera, la curva acampanada de Gauss-Laplace, aparecida a mediados del siglo XVIII y reelaborada a principios del XIX, pronto fue adoptada por la estadística y la teoría de las probabilidades, convirtiéndose en el método preferido para «modelar» fenómenos naturales, sociales y psicológicos, sobre todo porque definía un inmejorable ejemplo del carácter «laboral» o procesual de estos lenguajes gráficos. La curva de Gauss permite generalizaciones a partir de conjuntos de datos pequeños o incompletos, y, al mismo tiempo, da cuenta de los errores que se hayan podido cometer en la minería de los datos o en sus correlaciones. Así, este tipo de curvas facilitan «la predicción de futuras observaciones dentro de los límites y tolerancias especificadas mediante probabilidad» (Bender y Marrinan, 2010: 163).

La estadística epidemiológica pronto encontró en este tipo de iconografía «objetivista» la aliada idónea para transmitir los datos en un lenguaje de formas simbólicas simples, pregnantes y fácilmente reproducibles, de modo que fomentaran socialidad y pedagogía tanto entre la clase política como en el cuerpo social. Uno de los más relevantes usos de una gráfica para trazar patrones epidémicos fue el mapa elaborado por el médico John Snow, quien cartografió la ubicación de las muertes por cólera en el centro de Londres en septiembre de 1854 [**19**]. Los lugares de fallecimiento se marcaron meticulosamente con puntos en un mapa, además de hacer constar la ubicación de las bocas de agua mediante una serie de cruces. Snow observó que el cólera se expandía únicamente entre quienes vivían cerca de la boca de agua de Broad Street. Hizo retirar la manivela de la bomba contaminada, poniendo fin a la epidemia del barrio que se había cobrado más de 500 vidas. El análisis gráfico dio testimonio de los datos con mucha más eficacia que el cálculo (Tufte, 2007: 24).

Otro ejemplo notable de la adopción de estos nuevos alfabetos que estandarizaban los procedimientos y hacían posible presentar la secuencia lógica de cualquier proceso a fin de deducir el próximo paso a seguir fue el «quesito gráfico». La enfermera y estadística Florence Nightingale, muy activa en la exposición de la catastrófica situación epidemiológica entre las tropas que luchaban en la Guerra de Crimea a los miembros del Parlamento británico, al ver que estos no eran capaces de comprender los resultados creó un gráfico circular en el que tradujo sus análisis de forma clara, exacta, elocuente y exenta de toda oscuridad matemática. El Parlamento hizo suya aquella infografía como el documento instructivo a partir del cual tomar medidas paliativas [**20**].

William Farr, otro de los fundadores de la estadística médica a partir de sus investigaciones de la epidemia de cólera en Londres en 1849, y uno de los primeros científicos en usar la máquina diferencial de Charles Babbage, estaba convencido de que los fenómenos de la vida social podían interpretarse como fenómenos naturales en cuyos rumbos se podía incidir gracias al cálculo probabilístico. Esta sería, a su juicio, la herramienta definitiva para acabar con las epidemias, y por extensión, para reducir al mínimo

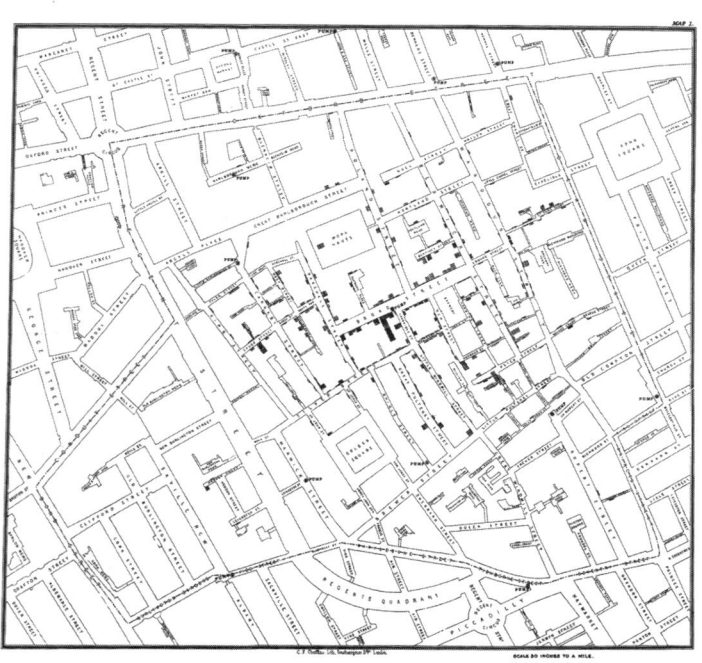

19. John Snow, plano de ubicación de fuentes de agua contaminada por cólera en el centro de Londres, 1854.

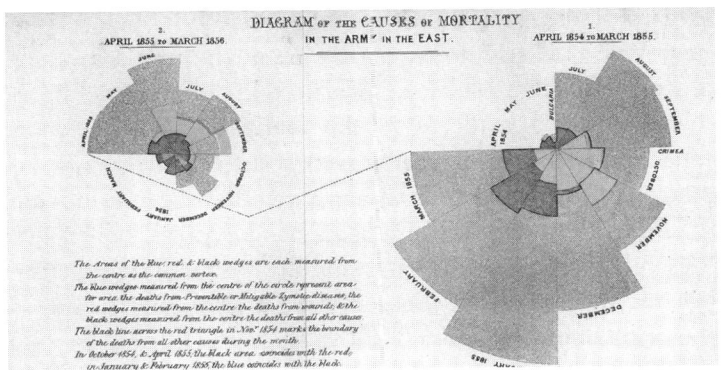

20. Florence Nightingale, «Diagrama de las causas
de mortalidad en el ejército en el Este», 1858.

el azar y la excepción[15]. Farr y otros como él estaban convencidos de que las matemáticas no solo registraban los
fenómenos sino que eran capaces de «mudarlos». La esta-

---

[15] «A pesar de que los accidentes, las conflagraciones, la inestabilidad de los vientos, las incertidumbres de la vida, las variaciones de la
mente y de las circunstancias de los hombres, de los que dependen los
incendios, los naufragios y las muertes, están sujetos a leyes tan invaria-
bles como la gravitación y fluctúan dentro de ciertos límites, el cálculo
de probabilidades puede determinarlas de antemano [...]. ¿Debe construirse un sistema de fatalismo sobre esta base? No, porque la estadística ha revelado también una ley de la variación. Si se introduce un
sistema de ventilación en las minas sin ventilación, se sustituye una ley
de accidentes por otra. Por lo tanto, estos eventos están bajo control».
Palabras de William Farr en el Cuarto Congreso Internacional de Estadística en 1860. Cit. en Remes y Horowitz, 2021: 38.

dística planteaba todo un corpus teórico por el cual la intervención del Estado en la vida del pueblo venía a cancelar el viejo debate sobre el arbitrio de la libertad del hombre respecto a su destino[16]. La estadística, como ciencia que analiza los antecedentes, solo podía conducir a que las acciones de los hombres tengan un carácter de «uniformidad», es decir, que en circunstancias idénticas, tienen que desembocar en los mismos resultados. Al analizar el pensamiento de estos estadísticos, Ernst Cassirer subrayó que el principal motivo político subyacente para su desarrollo descansaba en el mito que dice que

> es manifiestamente más fácil depender de otros que pensar, juzgar y decidir por uno mismo. Eso explica las razones por las que la libertad es considerada a menudo como una carga más que como un privilegio, tanto en la vida individual como en la colectiva. Tan pronto están metidos en condiciones difíciles, los hombres tienen tendencia a querer deshacerse de ese fardo. Es entonces

---

[16] El británico Henry Thomas Buckle, considerado el padre de la historia científica, lo declaró de forma rotunda en 1857: «La estadística representa la refutación mejor y más concluyente del ídolo de una voluntad libre. Poseemos ahora la información no solo en lo que respecta a los intereses materiales de los hombres sino también a sus peculiaridades morales. Estamos familiarizados con el índice de mortalidad y de matrimonios, y también con el índice criminal de la mayoría de los pueblos civilizados. Estos y otros hechos similares han sido reunidos, metodizados y se hallan maduros para su aplicación» (cit. en Cassirer, 2016: 360).

cuando el Estado totalitario y el mito entran de nuevo en escena (Cassirer, 1968: 380 y ss.).

No obstante, estas prescripciones de física social encarnadas en las nuevas ciencias del Estado debían disponerse de modo que fueran interiorizadas por el pueblo objeto de su aplicación. Las largas listas numéricas producidas en los gabinetes de las administraciones públicas debían «chorrear» verticalmente a fin de inducir a los gobernados a la comprensión de sus lógicas y efectos deseados, y a la interiorización o subjetivación de su necesidad. Los cuerpos calculados debían conducirse de forma que facilitaran su computación, contribuyendo así a un bien común y objetivable, tarea central del Estado en el Contrato Social. La curva asumiría aquí un rol esencial.

El polímata belga Adolphe Quetelet, adalid convencido de la potencia de la sociología entendida como pura «física social» —un concepto introducido por August Comte en 1854 que defendía la necesidad y posibilidad de medir el comportamiento humano usando instrumentos cuantitativos de la ciencia—, capaz de homogeneizar el registro de las actitudes sociales y delinear a individuos-prototipo que encajaran en la maquinaria estatal y laboral, tuvo claro desde el principio que la enorme cantidad de datos recogidos en el censo —nacimientos, defunciones, matrimonios, hijos— debían hacerse visibles si querían convertirse en un modo de gobernanza pública. La expresión gráfica de esos datos («hacer perceptibles a la vista los resultados mediante líneas») era para Quetelet infinitamente más elocuente que las simples listas llenas de columnas numéricas, sin perder un instrumental «objetivable y exento de arbitrariedades»[17] [21].

Al sugerir que el proceso de datificación social es comparable al de la física, y que la expresión pedagógica de su registro en curvas no era muy diferente del de las proporcionadas por los científicos, estos estadísticos quisieron convencerse a sí mismos y a los demás de que la recogida de los datos era impersonal, como si se tratara de un proceso mecánico realizado por instrumentos y no por personas con objetivos no únicamente cuantificables sino preñados de cualidades sociales, culturales y políticas. Este aspecto es central para comprender la condición inscriptora de estos objetos lingüísticos: un diagrama o una curva no registra únicamente a las personas o a los fenómenos que gestiona, sino que también registra la condición de los propios instrumentos de registro, fundamentalmente estatales en aquel periodo pero pronto adoptados por el mercado, como ahora veremos.

Efectivamente, se trata de dispositivos biopolíticos cuya máxima expresión es policial, sanitaria y mercantil. Si la

---

[17] Quetelet: «Para hacer más perceptibles todas estas correlaciones, hemos añadido a las tablas numéricas una lámina en la que diferentes curvas representan, por su sinuosidad, las variaciones de estos números dentro de las diferentes provincias del reino. Este método es de los físicos, que expresan las fluctuaciones de la temperatura y de la presión barométrica como variaciones en las coordenadas de una curva» (cit. en Bender y Marrinan, 2010: 164-167).

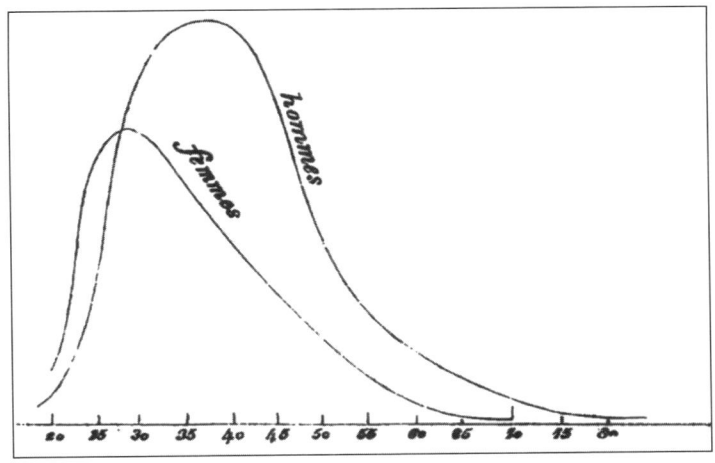

21. Curva gráfica de matrimonios en Francia,
por Adolphe Quetelet, 1848.

política debía manejarse como un problema epidemiológico —la posibilidad de que una desviación pudiera propagarse—, era necesario construir un marco determinado para
comprender el estatus de los cuerpos en esta red automatizada de causas y efectos. Michel Foucault fue el primero en
esbozar el surgimiento de la moderna biopolítica al observar el modo en que los estados europeos respondieron a la
viruela en el siglo XIX, esto es, a través de la vacunación y
el cálculo de probabilidades. Los modelos predictivos perseguían la creación de un cuerpo ideal (políticamente moral) que debía ajustarse a la norma de no tener ni propagar
la viruela. Este registro de lo patológico debía ser «cons-

tante y centralizado», dado que su alcance es designar lo que permite que la vida y sus mecanismos puedan ser introducidos en el cálculo explícito. Es este dispositivo, por consiguiente, el que deviene el verdadero agente de transformación de la vida humana. Los enfermos y los sanos pasaron a ser conceptualizados como un todo, para luego «modelar una morbilidad probable teniendo en cuenta los grupos y las circunstancias a los que pertenecían los individuos concretos» (Bratton, 2021: 33-34). Conceptualizar a todos como un todo solo significa definir un punto medio que debe funcionar como un espejo, lo que Quetelet llamó el «hombre medio» *(homme moyen)* de cualquier grupo social específicamente definido (Bender y Marrinan, 2010: 168).

Las enfermedades no son categorías intrínsecas de la vida social; por el contrario, fueron las burocracias estadísticas de principios del siglo XIX las que las dibujaron. Hoy siguen considerándose del mismo modo. En España, las defunciones por causa de enfermedad son competencia del Instituto Nacional de Estadística (INE), que lo considera una operación estadística y no un tema sanitario[18]. Muchas de las categorías que hoy utilizamos para describir a las personas —por ejemplo, las clases sociales— son subproductos de las necesidades de enumeración aparecidas entonces. Nadie puede enfermar o morir de una patología que

---

[18] «Este verano está muriendo más gente de lo esperado en España y no podemos saber por qué» (Ferrer, 2022). URL: https://www.eldiario.es/sociedad/verano-muriendo-gente-esperado-espana-no_1_9272811.html

no figure en la Clasificación Internacional de Enfermedades gestionada por la Organización Mundial de la Salud. La lista establece unas taxonomías estrictamente delimitadas sobre la catalogación de la vida y de las variaciones que la ponen en peligro[19]. La aparición de una nueva enfermedad, de un nuevo virus, de un riesgo no previsto, es un desastre largamente temido por el Estado, pues desdice toda su ontología predictiva. El Estado emblematiza el lenguaje que produce realidad y no permite que exista nada fuera de él. De ahí que Benjamin Bratton haya dicho de la pandemia que es «la venganza de lo real». Mientras la estadística refleja el núcleo sustancial de la biopolítica, que es la jurisprudencia, la curva se revela como su inscripción, como su «biografía crítica», siendo emplazada en un relato en el que los activos son obligados a inmunizarse de cualquier tentación desviadora o de adoptar conductas no computables que, a la postre, puedan afectar a los pronósticos.

La línea de bolsa

La línea de puntos que marca una curva todavía en proceso define su estatus en un elemento clave que es su extremo final. Se trata de un espacio temporal singular: es el lugar del presente, expectante ante su propio vaticinio. Es el sitio del oráculo moderno, en el que se expresa con

---

[19] https://www3.paho.org/hq/index.php?option=com_docman&task=doc_view&gid=36783&Itemid=270&lang=es

toda su potencia la cultura empírica de la predicción. A menudo, el extremo de ese cabo es un cursor, una pequeña línea vertical que parpadea a la espera de la llegada del nuevo nudo, del nuevo dato. Cursor procede del vocablo latín para «corredor», aunque también se utilizaba para designar a alguien errante. En la Edad Media, comenzó a utilizarse para referirse a los mensajeros. Su condición métrica la asumió en las mesas de delineación para marcar un punto en una regla de cálculo. El término se trasladó a los ordenadores por analogía a finales de los años 1960. Un cursor forma parte del catálogo de los instrumentos de medición para indicar una posición: la del dato entrante. Es el presente.

Los corredores de bolsa y de apuestas son intermediarios que transaccionan predicciones entre los inversores y los mercados. Tanto ellos como sus clientes se pasan todo el día mirando curvas en una pantalla. Durante los últimos cuarenta años de hegemonía neoliberal las curvas han monopolizado toda nuestra atención. Lo que un día fue expresión de Estado acabó siendo lenguaje de mercado, o viceversa. Las curvas financieras responden en exclusiva al control y modelaje de los riesgos. La curva se presenta como monitor del tiempo real del riesgo, pero no de un riesgo común, sino de un riesgo privado que acaba afectando a lo común y justifica la autoprofecía realizada. Es su policía más activa y uno de los más notables instrumentos para revelar las correlaciones menos evidentes. En la complejidad de unos mercados que se sostienen en sofisticadas interacciones impuestas sobre la vida, el espacio y el tiempo, la detección de lo inefable surge como el eje sobre el que giran las aspas de estas curvas destinadas a calcular el riesgo que da la ganancia, a riesgo de ocultar el verdadero desastre, como ya hemos visto.

En las sociedades de la urgencia, la curva deviene individual, alienada. En un régimen de emergencia permanente establecido como modelo laboral y mercantil, la curva —esa línea media que marca el límite del Estado— es el modelo de obligada atención y que dirime nuestra idoneidad para sobrevivir en el estrago. No otra cosa ha sido la curva de la covid. Los mercados necesitan estabilidad, dicen. Sin embargo, no pueden existir sin la crisis. La caída de alguien es el ascenso de otro. Es la ley de la gravedad y del rebote. El estado de pánico difuso que los mercados han desplegado durante las últimas décadas se ha traducido excepcionalmente bien en la pandemia, convertida en perfecta analogía de cómo unos activos biológicos se hunden en favor de otros, como lo hacen las acciones de bolsa: «Los juegos de Bolsa, de los que dependen —¡por desgracia!— tantos destinos humanos, no conocen en última instancia más que una regla: la alternancia de esperanzas inmoderadas y de miedos irreflexivos» (Delumeau, 2012: 43). La curva ha triunfado por eso. La pandemia y su expresión gráfica es el pretexto ideal para acomodar el pánico en el que las lógicas de la desprotección nos han instalado desde hace tiempo.

En el ambiente positivista del siglo XIX, los mercados también pasaron a contemplar el mundo como los físicos: se podía inferir con gran precisión la causa de los fenómenos cambiantes y predecir sus comportamientos. Pero el mercado no trabaja para disciplinar la vida, como hace el Estado, sino para indisciplinar el dinero, para convertirlo en fuente eterna de crisis y valor, provocando que la vida viaje siempre por detrás siguiendo un rumbo del todo ajeno, alienado. Para comprender esta profunda transformación de la vida en los mercados solo hay que ver la curva de la oferta y la demanda, en la que el conjunto social simplemente desaparece de la vista. Susan Buck-Morss, al explorar cómo el capital se vislumbra a sí mismo, intuyó que la complejidad de la economía de mercado se transmite visualmente de un modo extremadamente minimalista (Buck-Morss, 1995), precisamente por la ausencia de la vida.

Es relevante que la expresión de la curva gráfica se extendiera en el siglo XIX más allá del ámbito del cálculo matemático hasta alcanzar al sanitario y al económico. Ambas esferas representan precisamente los baremos por los que las crisis producidas por las cosas invisibles deben visualizarse, y cuyos efectos anómalos, si pueden ser reproducidos, pueden tener mayor fuerza de adhesión. Adam Smith, recogiendo parte del legado de François Quesnay —médico y fisiócrata del siglo XVIII que afirmaba la existencia de una ley natural por la cual el buen funcionamiento de la economía estaría asegurado sin la intervención del Estado, y que elaboró una de las primeras tablas gráficas económicas que se conocen—, solicitó que, dado que la mano de Dios en los mercados no se puede ver, había que desarrollar algún dispositivo capaz de transmitir esa bondad (Buck-Morss, 1995). Fue entonces cuando llegó William Playfair y su *Commercial and Political Atlas* en 1786 [22].

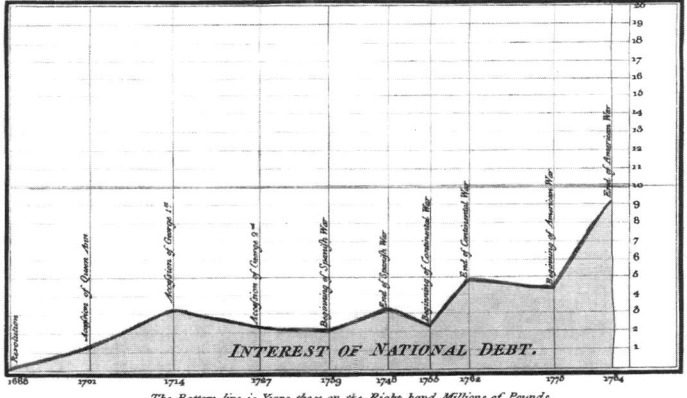

22. William Playfair, lámina del *Commercial and Political Atlas*, 1786.

La mayoría de las láminas de aquel libro consiste en gráficos de series temporales de los precios del maíz, los salarios semanales, los excedentes o los déficits de exportación. Playfair partía de la idea de que «cualquier cosa que pueda expresarse en números puede representarse en líneas» con el objetivo de generar un instrumento de persuasión y suprimir la aridez de los números[20]. En la obra de Playfair no hay nadie, «solo correlaciones estadísticas que mues-

---

[20] Playfair: «El importe de las transacciones mercantiles en dinero, y de los beneficios o pérdidas, pueden representarse tan fácilmente en un dibujo, como cualquier parte del espacio, o como la faz de un país» (cit. en Tufte, 2007: 32).

tran los patrones como si fueran signos de un plan natural», huellas de esa mano invisible a la que se refería Smith. La teoría económica —ha dejado escrito Buck-Morss— se limitará a describir las «leyes» que dan cuenta de las regularidades del comportamiento del mercado, pero solo como una racionalidad interesada de los medios, mientras que permanece totalmente indiferente a las cuestiones normativas sobre la razonabilidad de los motivos individuales o la racionalidad sustantiva de los fines sociales (Buck-Morss, 1995). Los números y curvas solo se relacionan con ellos mismos, invisibilizan todo lo demás. Los números no significan lo mismo en todas las situaciones, ni sabemos siempre a qué preguntas responden. El refugio de la curva durante la pandemia, con toda su transparencia, ha contribuido activamente a ocultar la dinámica de propagación del virus y la de otros tantos factores.

Para Playfair, «la gráfica es un acto de memoria [...]. La memoria no sirve para almacenar acontecimientos [...]. En cambio, actúa como un instrumento de reconocimiento, de visión *[insight]* en la producción de un nuevo acontecimiento: el movimiento de una entidad homogénea, el dinero, a través del tiempo» (cit. en Maas y Morgan, 2002: 105). La asociación entre «memoria», «visión», «conocimiento», «acontecimiento», «dinero» y «tiempo» en una línea gráfica temporal se abre en la práctica de estos economistas como un naciente instrumento de augurio al servicio de un uso cronopolítico de la plusvalía. Las gráficas permitirían así no solo reconocer el surgimiento de novedades o desviaciones en los datos y compararlas con las pasadas, sino que, sobre todo, harían posible captar la evolución vital del dinero, su biografía, su ontología volátil. La gráfica económica se convertía así en el cardiograma del capital y, por extensión, en metáfora de una vida loca y patologizada bajo el capital.

William Whewell y William Jevons serán también determinantes en la configuración de una nueva visión de los instrumentos de «revelación» de la gráfica estadística financiera. Whewell, polímata inglés, filósofo e historiador de la ciencia, fue singularmente responsable de acuñar por primera vez el término «científico» *(scientist)* y abandonar la vieja categoría de «filósofo natural». Su «Método de las curvas», aparecido en 1836, prometía «averiguar, casi de un vistazo, la ley del cambio; y mediante una mayor atención, se puede hacer que nos dé una fórmula con gran precisión». En su *Philosophy of the Inductive Sciences* (1847), Whewell presentó, entre otros casos, la relación entre las mareas, los precios y el tiempo cronológico. A su parecer, el método gráfico era más útil que las tablas de números, ya que «el orden y la regularidad se reconocen más fácil y claramente cuando se exhiben a los ojos en una imagen que cuando se presentan a la mente de cualquier otra manera» (cit. en Maas y Morgan, 2002: 110).

Por su parte, Jevons, también economista, defendió que los métodos de representación curvilínea (que describió como «utilitaristas») eran los más lógicos para gestionar cualquier variación numérica y así poder detectar las «crisis»: «Mis diagramas —decía— no solo muestran los detalles más minuciosos dados en las tablas, sino que también sustituyen la toma de promedios, ya que el ojo o la mente por sí mismos notan el curso general de un conjunto de números» (cit. en Maas y Morgan, 2002: 120). Jevons, por ejemplo, presentó entre 1875 y 1878 una serie de láminas en las que relacionaba el impacto de la actividad del sol en las mareas o en las fluctuaciones del precio del maíz en Delhi, consiguiendo una gran atención mediática en Gran Bretaña. Las tituló *Commercial Crises and Sun-Spots* y se convirtieron de facto en uno de los trabajos pioneros sobre ciclos económicos y patrones críticos en un mercado cada vez más globalizado e interdependiente. El interés de Jevons por dar con la palanca para estimar con propiedad los sucesos por venir en el marco de variables cada vez más complejas lo llevaría en 1864 a publicar *Pure Logic; or, the Logic of Quality apart from Quantity*. Desde entonces, se emplearía a fondo en la construcción de una máquina lógica computacional capaz de orquestar y poner al diapasón datos procedentes de contextos aparentemente disímiles. El *motto* que definía sus principios no puede ser más elocuente, tanto en lo que respecta a la consistencia de los datos como en relación con la fuerza de la representación de los mismos en el plano gráfico: «Lo que es cierto de una cosa es cierto de su semejante».

Poco a poco, la economía política se convirtió en un monopolio de la estadística gracias precisamente al uso de las gráficas, capaces de ganarse tanto a expertos mediante una apelación a la autoridad de los datos como al público en general de la mano de una comunicación simple y atractiva. Para Karl Karsten, estadístico, economista y empresario estadounidense de la primera mitad del siglo XX, no cabía duda de que «las gráficas representan un auténtico ahorro de tiempo y esfuerzo mental» (Karsten, 1925: 690)[21]. Karsten dotó de un gran impulso a los métodos gráficos para representar la evolución de la economía americana tras publicar *Charts and Graphs: An introduction to graphic methods in the control and analysis of statistics* en 1923. Pero además, Karsten fue uno de los principales impulsores del «economic forecasting», de la predicción económica, mediante lo que llamó «barómetros» de diversas variables productivas y de precios que se expresaban a través de curvas gráficas y que pronto fueron aplicados en la bolsa; unos pronósticos que no fueron capaces de prever el *crack* financiero de 1929. Las curvas, en el contexto de la estadística económica que comenzó a difundirse durante las primeras décadas del siglo XX, fueron rápidamente percibidas como instrumentos de un «determinismo económico», como herramientas predictivas del comportamiento de los mercados que podían servir a corredores e inversores para planificar sus actuaciones. Sin embargo, estaba la cuestión de los «factores psicológicos propios de la multitud y el rebaño» (Karsten) que la curva «todavía» no podía expresar y que suponía el principal hándicap para el buen funcionamiento del método.

Ese problema será afrontado mediante la privatización del riesgo y el cálculo de su contagio. Los efectos de este enfoque serán duraderos y de gran calado político y social. En primer lugar, supondrá la derivación de lo que era una

---

[21] Sobre prognosis económica, véase Karsten, 1931.

parte importante del Contrato Social del Estado a la esfera individual, en el marco pujante de la cultura *do-it-yourself,* por la cual cada ciudadano debería ser capaz de subjetivar los procesos de gobernanza. Las tarjetas de crédito, la libre adquisición de medicinas o la firma de seguros de vida nos hablan de la paulatina implantación de un régimen de autogestión del riesgo que el Estado descarga sobre el cuerpo social. Será después de la Segunda Guerra Mundial cuando se implante el sistema unificado de la Seguridad Social, eliminando muchas incertidumbres. Pero fue en la década de los años 1980 cuando aumentó exponencialmente la privatización del seguro social, transfiriendo a los individuos la carga de los riesgos, en un contexto de urgencias cortoplacistas. Si las prospectivas de los seguros de antaño se adentraban en 30, 50 y hasta 100 años en el porvenir, en la actualidad no van más allá de 15 o 20 años (Francescutti, 2021: 103-104). El resultado de este proceso es complejo, pero en lo que aquí nos interesa, producirá hipotecas de gran trascendencia a la hora de enfocar la escala de los riesgos. ¿Qué responsabilidad tengo frente a los peligros que nos amenazan a todos, y no solo a mí? ¿Cómo se equilibra la autogestión del riesgo con un Estado cuya acción parece impotente frente a las amenazas? ¿Quién debe liderar las respuestas a los desastres, que parecen acumularse cada vez más? ¿Quién nos sacará del hoyo?

En la actualidad, estas cuestiones han adquirido una especial relevancia tras décadas de desmantelamiento de las funciones del Estado y de la masiva desregulación y privatización de servicios. La respuesta del Estado a la

pandemia de la covid ha venido a revelar todas esas sindemias, esas epidemias socioeconómicas y ecológicas que hemos arrastrado (a sabiendas) y que han alimentado el fuego del virus. Y ha sido precisamente la curva el lugar en
donde se ha escrito esa respuesta. En un extremo, la curva
diaria de casos que médicos, políticos y sus correlatos me-
diáticos han hecho suya exhibe el enorme esfuerzo del Estado por mantener lo poco que queda del Contrato Social,
el sistema sanitario «universal». En el otro extremo, expo-
ne su impotencia política en la gestión del riesgo: no había
universalidad del sistema de salud, sino una línea fronteri-
za con la leyenda «Capacidad del sistema de salud», un
límite fijado de camas, equipos y personal sanitario, producto del abandono del Contrato en favor del mercado.
Las curvas sanitarias en las que nos hemos sumergido entre 2020 y 2023 muestran el fenomenal reto al que las au-
toridades públicas se han enfrentado, no solo por la aparición de un imprevisto mortal de dimensiones globales, sino
especialmente por cómo este desastre ha iluminado los pies
de barro en los que se asienta el Estado. Solo así cabe entender el mensaje del Ministerio del Interior del gobierno turco
en los primeros meses de la pandemia: «Nadie puede ayudar
fuera de nosotros. ¡Está prohibido!» (cit. en Santos, 2021:
263). Si las infraestructuras públicas han sido violentadas
en sus cimientos más profundos hasta quedar definidas
como una red de sistemas y procesos en su mayoría de
propiedad privada y que funcionan como cualquier empresa para producir un flujo continuo de bienes y servicios,
¿quién, pues, debe hacerse cargo de las crisis?

En 2007, la marca de ropa No-l-ita lanzó una campaña publicitaria titulada «No Anorexia» en diarios y grandes vallas publicitarias en diversas ciudades italianas, coincidiendo con la Semana de la Moda de Milán [23]. Concebida por el fotógrafo Oliviero Toscani, la campaña presentaba una imagen a color de la modelo francesa Isabelle Caro desnuda en un estado irreversible de anorexia. De hecho, la joven fallecería poco después. Toscani manifestó que su intención era «utilizar el cuerpo desnudo para mostrar a la gente la realidad de la enfermedad, causada en la mayoría de los casos por estereotipos impuestos por el mundo de la moda». La campaña recibió el apoyo de diseñadores como Giorgio Armani, que declaró que «estas campañas con imágenes tan duras y de tanta crudeza son justas y oportunas».

Las críticas arreciaron desde las instituciones públicas y desde una parte de la ciudadanía. La alcaldesa de Milán criticó severamente la iniciativa. El Instituto Giuri, que supervisa la publicidad en Italia, comunicó que «la publicidad debe respetar la dignidad del ser humano en todas sus formas» y que ese principio no era tenido en cuenta en aquellos carteles, por lo que dictaminó que la campaña debía desaparecer en el transcurso de siete días de todas las ciudades italianas. Se daba la circunstancia de que, a finales de 2006, el Ministerio de Sanidad italiano, la Federación de la Moda Italiana y la Asociación Alta Moda adoptaron un Manifiesto antianorexia que intentaba promover la imagen de una modelo sana y de belleza mediterránea. El texto prohibía desfilar a las chicas menores de 16 años, y obligaba a las modelos a presentar un certificado médico

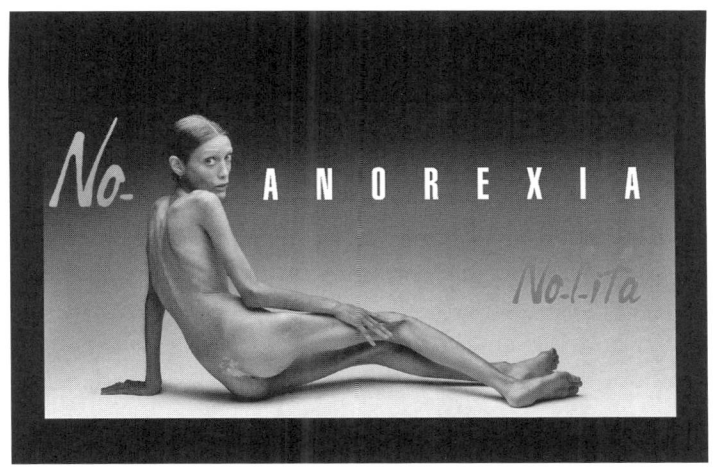

23. Campaña de Oliviero Toscani para la marca italiana de ropa No-l-ita, 2007.

que confirmara que no sufrían ningún trastorno alimentario. Pero fue una medida que tuvo nulos efectos.

La campaña de No-l-ita tenía un doble propósito: vender ropa y concienciar sobre una emergencia. Sin renunciar a los beneficios comerciales, la empresa se emplazaba en el dominio institucional de la gobernanza de la salud. El éxito mediático de «No a la anorexia» conduciría a la contratación de Toscani por parte de United Colors of Benetton para realizar campañas similares, en este caso vinculadas a la crisis del sida, a la guerra, al racismo o a la homofobia. Mientras Benetton incrementó mucho sus ventas y su dimensión como marca global, al mismo tiempo puso en el tapete la apuesta del espacio empresarial por ser el lugar de la verdadera eficacia frente a la ineficacia de la regulación administrativa pública. La empresa abogaba por ser el núcleo productivo de la gestión del riesgo. En la cultura de la emergencia, la empresa privada se presenta como la opción más ética, dada su vocación utilitarista y pragmática. La eficacia no significa que sea lo mejor, sino que enfrenta con más decisión la resolución del problema.

Durante los años 2000, las diversas crisis sociales, culturales, económicas y ecológicas sirvieron como base de nuevas estrategias del capital para afianzarse como catalizador de un nuevo solucionismo, que algunos estudiosos ya calificaron en su día como «greenwashing» o «brandwashing», pero que la industria proyectó en términos de funcionalidad y eficacia solidarias. La defensa de que solo el capital, en alianza con la tecnología, puede hacer frente a las crisis se ha trenzado mediante la apelación constante a la incertidumbre, la volatilidad y la arbitrariedad. Frente a la escasez de esperanzas, los mercados no ocultan su propia responsabilidad en la construcción de este estado de ánimo. Esto es especialmente singular, pero cabe entenderlo en la mentalidad que dice que quien más conoce el funcionamiento de la crisis mejor preparado está para desactivarla, aunque siempre sea a corto plazo. O como lo expusiera Pierre Bourdieu: aquellos que tienen más información sobre las tendencias de futuro son los agentes con más poder para modificar estas mismas tendencias.

En el caso de la pandemia de la covid, las paradojas han sido ingentes, especialmente en relación con el *tempo* de la crisis. Al surgir el brote vimos que el capital era totalmente irrelevante, que el dinero no podía salvar la vida. La curva (metáfora del confinamiento obligatorio) apareció entonces como un recordatorio de la todavía existente potestad del Estado para implantar leyes restrictivas de excepción. Pero pasaron los meses y solo el dinero hizo posible la vacuna, que condujo a una sustancial reducción del riesgo de morir o de quedar gravemente enfermo. Fue el capital invertido en investigación privada la que consolidó el mito de que la industria era el instrumento necesario de salvación, haciendo posible la suspensión de la excepcionalidad. Fue el capital biotecnológico el que nos «devolvió a la normalidad».

Un caso paradigmático de este proceso ha sido también el de los equipos técnico-sanitarios. En los inicios de la pandemia, y ante la falta de material a nivel mundial —otro fracaso de las fanfarrias predictivas—, el diseño *maker* vino en ayuda a la hora de planificar y ejecutar en un breve lapso de tiempo formas de producción y distribución de mascarillas, EPI, respiradores y ventiladores, demostrando la razón de ser de las experiencias acumuladas durante años por muchas comunidades creativas que abogan por procedimientos de fabricación sostenibles, replicables y no sujetos a las lógicas propietarias. Donde no llegó el capital, sí lo hicieron otros imaginarios vinculados a lo común, sin perder la conexión con el Estado, que en definitiva es el regulador final. Sin embargo, muchas de aquellas experiencias fueron rápidamente leídas por el mercado como ejemplos de la potencia de la «sociedad civil» para solventar las crisis «en red». La apropiación mercantilista del modelo descentralizado y paraestatal de aquellas prácticas alternativas es una muestra más del predicamento existente sobre la necesidad de obviar al Estado como garante del Contrato Social [**24**].

«Para todos los sectores tenemos ya tecnologías que nos permitirían reducir a la mitad las emisiones en 2030», declaró en 2022 Thelma Krug, vicepresidenta del IPCC (Grupo Intergubernamental de Expertos para el Cambio Climático)[22]. La utopía tecnológica deviene la alternativa frente al fracaso del Estado. A principios de julio de 2020, la lista del Nasdaq, la bolsa tecnológica de Nueva York, registró subidas de las principales empresas de Silicon Valley de alrededor del 30 por 100, con ganancias de Amazon de alrededor del 50 por 100. Solo una plataforma, absolutamente marginal hasta febrero, Zoom, alcanzó una capitalización equivalente al primer conjunto de aerolíneas del mundo (Mezza, 2020: 13): «Con las plataformas automatizadas», ha escrito Benjamin Bratton, «oleadas de administradores de sistemas y mensajeros mantienen el mundo en movimiento cuando el gobierno por sí solo no puede, y al hacerlo, esas cadenas de automatización se han convertido en una utilidad de emergencia» (Bratton, 2021: 73). Las

---

[22] https://elpais.com/clima-y-medio-ambiente/2022-04-05/para-todos-los-sectores-tenemos-ya-tecnologias-que-nos-permitirian-reducir-a-la-mitad-las-emisiones-en-2030.html

► VÍDEO

En Catalunya

Tecnología GPS, 4G y big data para evitar la desaparición del búho real y el urogallo

EN COLABORACIÓN CON ENDESA

24. Noticia patrocinada por Endesa. Publicada en *La Vanguardia*, 7 de octubre de 2022.

conductas patologizadas de la emergencia entran como un guante de seda en la nueva economía kairopolítica de la urgencia y de la prisa.

Michele Mezza ha indagado sobre el nuevo concepto desarrollado por la empresa Verily (Google) llamado *sharing is caring,* para ilustrar el proceso por el cual el Contrato Social se ha derivado al mercado. Es una filosofía que cambia la seguridad personal por la libertad de cada individuo, mediante el acto de compartir, de conectar e intercambiar información para obtener soluciones predictivas a nuestros riesgos vitales. A través del proyecto Baseline de investigación clínica, Google explica sin pudor que el objetivo es «reconfigurar el futuro de la asistencia sanitaria»[23]. Facebook, por su parte, se ha embarcado en el proyecto Disease Prevention Maps para garantizar «la eficacia de las campañas contra la epidemia». A principios de julio de 2020, el Supervisor Europeo de Protección de Datos (EPSO) dio la voz de alarma al descubrir que Microsoft, a través de sus plataformas de videoconexión, estaba acumulando datos confidenciales y sensibles sobre actividades institucionales y sobre las profesiones más sensibles, como jueces, profesores y médicos. Los ejemplos de este tipo de proyectos son numerosos. Los datos sanitarios privatizados se convierten en los datos sociales por antonomasia, y las curvas «efectivas» son las de los mercados, circunvalando a un Estado que se percibe ineficaz. ¿Y qué mejor entorno que una pandemia —se han preguntado algunos— para minar libertad al por mayor, a bajo precio, a cambio de algo de seguridad? (Mezza, 2020: 14).

En sendas entrevistas con los directores de la Oficina Municipal de Datos del Ayuntamiento de Barcelona y del Instituto de Estadística de la Generalitat de Catalunya[24],

---

[23] https://www.projectbaseline.com/study/covid-19/
[24] Véase el documental *La curva* (2022).

fue fácil deducir que el papel de las instituciones estadísticas públicas está enormemente coartado en relación con las grandes empresas del *big data*. Mientras que las primeras están sujetas a estrictas normativas sobre el anonimato de los datos recogidos y a una exigente transparencia de los procesos de minería, las segundas son capaces de acumular libremente y sin apenas cortapisas ingentes cantidades de información sensible. Pero lo más notable es que, mientras que los ciudadanos apenas se han descargado en sus móviles las aplicaciones de rastreo de contagios de la covid puestas a disposición por muchos gobiernos, y que están sujetas a un gran control de privacidad, la gran mayoría de los usuarios de las plataformas digitales regalan con gran entusiasmo sus datos a las empresas propietarias sin casi saber los usos que les darán. La derivación de las condiciones del antiguo Pacto entre gobernantes y gobernados a los mercados pasa ineludiblemente por la ruptura de la confianza con el Estado y por la aparente certeza de que las tecnologías utilitaristas generadas por el capital son más eficientes porque permiten precisamente la pura y libre exposición de la individuación, confundiendo publicitación personal y activo predictivo. El problema surge en términos de «sobreindividuación» (Bratton, Garcés), que no permite de ninguna manera un marco de comprensión «enmarañado y pluralizado» en el que no es posible pensar que haya gente que no quiere publicitarse ni ser pronosticada.

Un tiempo patológico

El término *desastre* proviene de un antiguo vocablo provenzal que designa aquello que «no está alineado con los astros», aquello que tiene «mala estrella». En su inscripción original podía ser efecto tanto del infortunio como del castigo por desviarse del curso natural de los cielos, y podía suceder antes de que los individuos lo percibieran, lo que no les eximía de sufrirlo. No era esta una noción exclusiva de los pueblos de raíz latina. Los mexicas tenían la costumbre de «contar los días» *(tonalpohualli)* para averiguar si los recién nacidos venían al mundo «en signo desastrado» —según las propias palabras del misionero franciscano Bernardino de Sahagún (León-Portilla, 2006)— y poder así «calcular» el día más propicio en relación con un ciclo astrológico, evitando la predicción. Entre los pueblos mongoles, también era habitual la consulta astrológica para determinar la salud o la toma de decisiones, siempre bajo el amparo o la maldición del *naga*, la serpiente sobre la que se asienta el mundo, y símbolo universal de la amenaza [25].

La fortuna o el desastre siempre se han definido en relación con unas influencias celestes (de ahí que la gripe

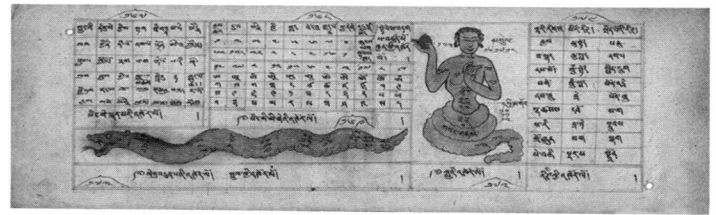

25. Representación de un *naga*, o serpiente de la energía, rodeado de un calendario de días propicios para la salud de las personas. *Manual de Astrología y Adivinación,* realizado en el Tíbet hacia el año 1800.

adoptara el nombre de *influenza* en la Italia medieval). El tiempo de la vida estaba relacionado con unas líneas del bien y del mal que era necesario conocer a fin de dibujar el curso idóneo. Pero las predicciones negativas podían corregirse con información. La lectura del pasado, bajo este sistema, suponía poder reconstruir los fenómenos atendiendo a su alineación o desalineación con lo que debió haber sido, con el rumbo que los acontecimientos debieron haber tomado de haber dispuesto de la información pertinente. El tiempo de la historia del desastre pudo escribirse con el objetivo de no repetirlo. Al conocer los «huecos» desatendidos en su día, los hombres podrían aprender y alinearse con los objetivos que persiguen, ya no marcados por el ciclo de las estrellas sino por el curso de los desastres provocados por las decisiones humanas. San Agustín mismo estuvo muy pendiente de este asunto, porque implicaba la salvaguarda de la libertad de acción de los hombres establecida por Dios: dijo que está muy bien utilizar la astrología

> para prever efectos de orden temporal: tempestad o buen tiempo, salud o enfermedad, abundancia o esterilidad de las cosechas y todo lo que depende parejamente de las causas corporales y naturales [...] pero la voluntad humana no está sometida a la necesidad astral; en caso contrario se arruinaría el libre albedrío y del mismo golpe el mérito (cit. en Delumeau, 2012: 205-206).

En 1869, el ingeniero francés Charles Joseph Minard elaboró un original mapa gráfico que mostraba el terrible destino del ejército de Napoleón en la campaña de Rusia de 1812 bajo las condiciones de temperatura de aquel mítico invierno oriental. E. J. Marey, uno de los inventores de la cronofotografía, destacó aquel diagrama como algo que parece «desafiar la pluma del historiador por su brutal elocuencia» (cit. en Tufte, 2007: 40) [26].

Una línea ascendente de color claro que se debilitaba poco a poco llegaba a Moscú. Una ínfima línea descendente de color negro regresaba a casa acompañada por una curva de temperatura que comenzaba en 30 grados negativos y acababa en 9 grados positivos. Minard venía a decir: si se hubiera previsto el clima de aquel invierno, la campaña militar francesa hubiera sido un éxito. La calamidad se produjo por el desajuste entre la finalidad y la información. Aquel esquema gráfico, planteado como un viaje serpentino de ida y vuelta, expresaba también la potencia de un nuevo tiempo de la narración, el de la historia datifica-

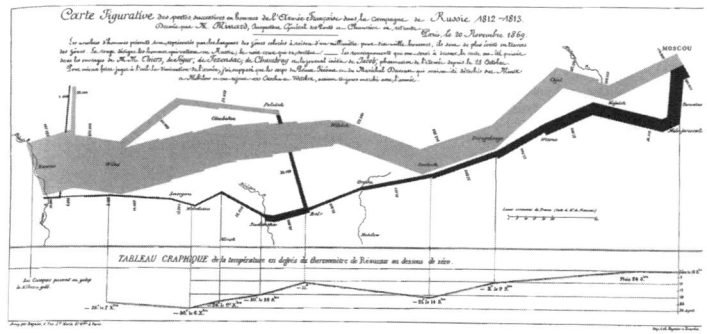

26. Charles Joseph Minard, «Mapa figurativo de las sucesivas pérdidas de hombres de la Armada Francesa en la campaña de Rusia 1812-1813», 1869.

da asumida como teatro del drama de aquello que no acaba de alinearse. La escritura de la historia mediante gráficos elevaba el drama a protagonista de la misma. Los diagramas, curvas y demás visualizaciones derivadas de la estadística forzaban a los hechos de la historia a abandonar su indisposición a quedar alineados. Parecían formatos expresamente hechos para hablar del desastre como espectáculo histórico. En cambio, no sugerían mucho si se quería expresar en ellos aquellos tiempos que no despuntan, que suceden en secuencias lentas y cuya estructura y evolución no se dejan dominar por la elocuencia. Estaba naciendo un dispositivo político de gran envergadura, construido con la materia del tiempo que no es otra que su pérdida, su encogimiento. Sobre este desastre nace la cronopolítica, la técnica por la que los huecos del pasado se rellenan con la estopa del presente, y el futuro se escribe solo con la esperanza de quedar en la órbita prevista. La curva es el espacio de ese tiempo.

¿Cómo se «construye» el tiempo en la curva? Johanna Drucker ha definido un calendario como un conjunto de cuadros o cuadrículas que pone en relación sintáctica piezas discretas de información. La superficie ha sido racionalizada mediante unas coordenadas para que esas piezas sean leídas relacionalmente. Pero, en realidad, la estructura abstracta no es una representación del tiempo, sino un modelo cronológico que permite el cálculo o la computación, que permite su manipulación (Drucker, 2020: 90). Una curva responde al mismo principio, establece un modelo de la gestión temporal de un fenómeno como si este fuera una biografía, destacando y conectando acontecimientos y segmentos considerados relevantes. Como toda biografía o «escritura de vida», la línea temporal tiende a configurar un relato coherente y a adoptar un estilo narrativo consistente a fin de dar verosimilitud a la idiosincrasia de lo biografiado. Las curvas, dado su carácter visualmente sintético, discriminan la exposición de los valores de fondo, a la espera de que las relaciones que sí muestran sean capaces de reflejarlos de alguna manera. Hoy estamos acostumbrados a esas gráficas de vida y tiempo de cualquier fenómeno, pero no siempre fue así. En *Chart of Biography,* publicado en 1765, el filósofo y químico británico Joseph Priestley traspuso por primera vez la vida de personajes históricos famosos, que cubrían un vasto periodo, mediante diversas líneas horizontales en un plano para indicar las comparativas de su longevidad [27]. Pero el autor tuvo la necesidad de dedicar cuatro páginas escritas para convencer a sus lectores sobre las ventajas de dibujar esas vidas de semejante modo (cit. en Maas y Morgan, 2002: 100): «[Se trata] de trazar claramente la dependencia de los acontecimientos para distribuirlos en periodos y divisiones tales que permitan establecer la totalidad de las transacciones pasadas de manera justa y ordenada».

El tiempo estadístico tenía que convertirse en historia y esta, a su vez, ser desmenuzada en acontecimientos y hechos susceptibles de transformarse en datos. La historia devino no solo en una interpretación cualitativa sino sobre todo cuantitativa. Los datos debían siempre poder estar sujetos a comparación y medición de modo que pudieran traducirse en una rejilla cartesiana a la vez que componer una dimensión más allá de su simple particularidad. En una curva, las particularidades no existen como fenómenos; lo que cuenta es la línea temporal que las une a todas. Es por ello que, en la época de los primeros estadísticos interesados en traducir los números en curvas, una de las principales preocupaciones era que, incluso cuando un hecho había sido observado y descrito con precisión, no sabían muy bien cómo proyectar la combinación de circunstancias por las cuales las cosas se comportaban como lo hacían. No solo había que educar al público, también era necesario encontrar el sendero para que los datos expresados en las gráficas hablaran por sí mismos de por qué estaban ahí y qué tipo de relaciones internas sostenían a lo largo del tiempo.

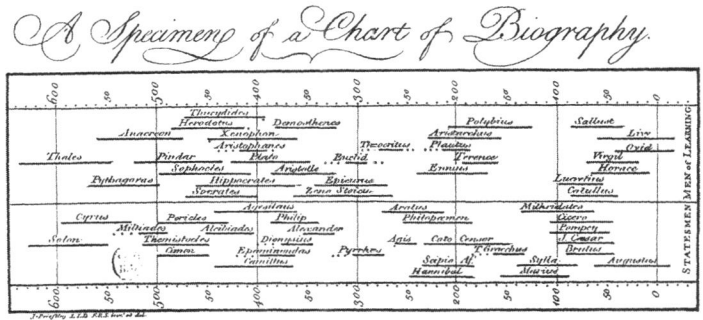

27. Una de las láminas de *Chart of Biography* (1765),
de Joseph Priestley.

Naturalmente, las curvas gráficas pueden ilustrar el comportamiento de fenómenos en periodos largos de tiempo, pero tienen el hándicap de perder toda la contextualización necesaria para dar cuenta de las variaciones en escenarios diferentes. Es por ello que la propia curva es la que se ofrece como el adhesivo necesario, el *timeline*, el hilo conductor contextual. Los tiempos largos quedan automáticamente convertidos en líneas homogéneas proyectando la idea de una permanente conexión entre el pasado y el presente (ambos en singular) por lejos que el acontecimiento se encuentre en la historia o en el espacio. El tiempo de la curva nada tiene que ver con el de la memoria ni con el de la historia, lleno de latencias, sí, pero también de hiatos, rupturas y emersiones incalculadas. El tiempo de la curva es el propio de Cronos, que castra al padre, y, a la vez, el de Saturno (su contraparte romana), que devora a sus hijos.

119

Pero vale la pena recordar que los griegos tenían un segundo dios del tiempo, Kairós. El tiempo de Cronos es secuencial, un tiempo cuantitativo. El de Kairós, por el contrario, es fluctuante, cualitativo, es el momento ideal, oportuno, el momento del acontecimiento. Kairós se representa como un adolescente que tiene dos grandes alas en la espalda y dos más pequeñas en los pies, para poder agarrar el momento adecuado. En su mano izquierda sujeta una balanza desequilibrada: su virtud no es el equilibrio, sino la ocasión, el espacio y el tiempo idóneos para la acción. Kairós, por ejemplo, es descrito en la medicina como el momento clave para la intervención. Pero también tiene una condición retórica —como se aprecia en la curva o en la ola— que hace que lo escrito o declamado alcance armonía y fluidez. Así, en el tiempo kairótico de la curva pueden transitar tanto quienes ven en la crisis una ventana abierta de reparación como los que encuentran la oportunidad del provecho, pescando a cuatro manos en un río revuelto, convencidos de la llegada del momento idóneo para convertir el desastre en negocio, para llevar las gráficas de la necropolítica a los extremos más altos de la tabla. La socióloga Melinda Cooper lleva tiempo advirtiendo que la nueva economía del desastre combina lo profético con un ingente beneficio de plusvalías (cit. en Caduff, 2014: 297). La curva, por consiguiente, es un campo de batalla sobre la oportunidad: es una cronología y, a la vez, un espejo de sus heridas y cicatrices, una sintomatología, una patología del tiempo.

Esto lleva a preguntarnos sobre la relación entre el tiempo del desastre y el tiempo de la curva, no solo porque han estado tradicionalmente hermanados y uno ha sido testigo del otro en mil ocasiones, sino porque ambos parecen sufrir la inscripción de un cierto sufrimiento, de un *pathos:* la aceleración. El desastre es siempre de naturaleza lenta pero se expresa con veloz ferocidad, creando el tiempo de la crisis; la curva es ilustración de ese tiempo, pero le añade un doble factor de velocidad: la predicción. Parafraseando a Paul Preciado, dime cómo construyes la cronología de tu tiempo, y te diré cómo serán tus desastres.

Durante las últimas décadas se ha ido imponiendo la idea del desastre «difuso», mediante apelaciones a la incertidumbre, la volatilidad o la escalada. Han inundado el imaginario colectivo como marcas de un profundo malestar agudizado por un relato de empoderamiento individual como solución a la impotencia política que ha generado una insatisfacción aún mayor. Las referencias a una «sociedad de la emergencia» alcanzaron una gran difusión académica, política y pública a partir de los años 1980, en coincidencia con la epifanía mercantil suscitada por el final de la Guerra Fría, la congelación del peligro nuclear y el surgimiento de la licuación posmoderna de afectos y principios. Sociólogos como Anthony Giddens, Ulrich Beck o Zygmunt Bauman armarán todo un conjunto disciplinar para preparar tanto a la gente a vivir junto al miedo «difuso» como a los gobiernos a gestionarlo, a menudo sin dejar claro si ese miedo es bueno o malo y sin apostar por una resolutiva denuncia de las causas del mismo. Giddens reconocía que una opción posible era «vivir con una actitud de cálculo hacia nuestras posibilidades de acción, tanto favorables como desfavorables, con las que nos enfrentamos de continuo en nuestra existencia social, individual y colectivamente» (Giddens, 1995: 44). Beck admitió que la creación de riqueza y la producción de catástrofes funcionan conjuntamente, y que la distribución desigual de la riqueza también conlleva la distribución desigual de los riesgos (Knowles y Loeb, cit. en Remes y Horowitz, 2021: 24). Ahí aparecerá Paul Virilio para trazar toda una cartografía del accidente industrial y mostrarnos la penosa latencia nihilista que presenta hoy el desastre (no es baladí que el primer drama del siglo XXI se presentara en forma de riesgo de dislocación temporal, con el fenómeno del 2YK, o «efecto 2000», el posible fallo informático ante la llegada del 31 de diciembre de 1999). Bauman, por su parte, describió el proceso por el cual las sociedades del riesgo tienden a construir un sentido líquido de la existencia frente a un miedo difícil de solidificar. Otros autores, como Niklas Luhmann, fueron más proactivos en la composición de un proyecto «desfuturizador» al revelar cómo las crisis de la modernidad son poco más que crisis de sus estrategias de colonización de las utopías, y que lo más relevante es construir unas condiciones de presente sostenibles que garanticen la continuidad del Contrato Social, de modo que se despejen las incertidumbres más inmediatas de la gente para poderse concentrar en la imaginación que hará posible la solución de los problemas colectivos.

Las tensiones del desastre pivotan entre el miedo y la angustia, que son dos tiempos distintos, uno rápido, el otro lento. El filósofo Brian Massumi ha escrito que las formas actuales de la amenaza, «alimentadas por la inestabilidad y la metaestabilidad, no solo son indiscriminadas, sino que también son indistinguibles del entorno general» (Massumi, 2009). El historiador Jean Delumeau ya vaticinó a finales de los años 1970 que el capitalismo por venir no nos ofrecería vivir un tiempo del miedo cuya fuente está claramente identificada, sino un tiempo de la angustia, sometido a una espera dolorosa frente a un sentimiento difuso y global de inseguridad (Delumeau, 2012: 53-54). La amenaza suele comenzar con «medidas temporales», de corto alcance. Benjamin Bratton las ha enumerado: «precaución, programa piloto, custodia protectora, libertad condicional, prototipo». Sin embargo, con el tiempo, estas medidas tienden a normalizarse, convirtiendo la excepción en regla y la regla en estado de derecho. Reformar la emergencia —dice Bratton, refiriéndose al diseño como instrumento de acomodación de soluciones que proporcionan adaptación a los afectados— «provoca que la excepción pierda su carácter temporal y provisional a medida que sus efectos se asientan» (Bratton, 2015: 365).

La Oficina de las Naciones Unidas para la Reducción del Riesgo de Desastres define la gestión de un desastre como «la capacidad de un sistema, comunidad o sociedad expuesta a peligros para resistir, absorber, acomodar, adaptarse, transformar y recuperarse de los efectos de un peligro de manera oportuna y eficiente, incluso mediante la preservación y restauración de sus estructuras y funciones básicas esenciales a través de la gestión de riesgos» (Knowles y Loeb, cit. en Remes y Horowitz, 2021: 26). ¿Cómo se absorbe un desastre? El marqués de Pombal, primer ministro de Portugal durante el gran terremoto de Lisboa de 1755, que causó la destrucción de la ciudad y la muerte de entre 60.000 y 100.000 personas, fue el primero en impulsar las explicaciones «naturalistas» de las tragedias, bajo la creencia de que «cuanto más se vieran los terremotos como sucesos normales, más fácil sería incorporarlos a un mundo normal», es decir, volver a la normalidad es un «problema meramente práctico» (Hagen, cit. en Remes y Horowitz, 2021: 34). Los procesos de adaptación a los desastres producen tiempos difusamente acelerados. Los acontecimientos más devastadores en una escala corta de tiempo desaparecen en un *timeline* más largo (Knowles y Loeb, cit. en Remes y Horowitz, 2021: 13). Ello conduce a la formación permanente de crispados bomberos pero sin agencia para construir una mirada transversal o compleja, siempre en la primera línea de fuego. Se trata de crear crisis «largas» para que no se resuelvan (Santos, 2021: 15). De cualquier manera, es un tiempo desmesurado que hay que conjugar a toda costa con el tiempo puntual, con el presente inquieto de los destinos privados. Isabelle Stengers ha descrito con elocuente sencillez los sentimientos que albergamos frente a las paradójicas escalas de las crisis: «La vida se presiente en suspenso, bajo las sensaciones de un "pánico frío"; no sabemos qué hacer, metidos en contradicciones gigantescas y paralizantes. Todo me obliga y las decisiones son siempre contradictorias» (Stengers, 2015).

La curva tiene en esto un papel primordial. La desaparición del «orden natural» al que estábamos acostumbrados es tan aparente que la sensación moral se hace difícil de gestionar y su representación nos sirve de confesionario y de dispensario de bulas. Las matemáticas inteligentes renacidas en la gestión del *big data* (la estadística empresarial), creadoras de los actuales instrumentos predictivos, nada pueden hacer más que constatar con insultante precisión una desaparición acelerada. Por ello la curva es el lenguaje de crisis. De personas, de animales, de verdades, de ficciones, de posibles. La curva manifiesta con la nueva rotundidad del lenguaje iconográfico un malestar cultural profundo: sabiendo qué sucederá, no podemos evitarlo. Ello contamina profundamente el lenguaje, lo hace barroco, no en el sentido de un estilo, sino en relación con una economía visual que esconde la tragedia bajo una aparente transparencia[25]. Las curvas de la covid han sido su más reciente epítome.

Tenemos enormemente interiorizado el hecho de que los desastres siempre son sobrevenidos. La idea de que el tiempo estadístico de la curva tiene inscrita una condición impuesta de la crisis la encontramos ya en los anales medievales, tablas en las que los monjes anotaban brevemente los hechos importantes que habían tenido lugar en el año. En los *Anales de St. Gall* (927-1059), por ejemplo, los relatos versan más sobre las cualidades que sobre los agentes que las protagonizan, representando un mundo en el que pasan cosas a las personas (violencia, enfermedad, escasez),

---

[25] En otro sitio, estudiamos este proceso en términos de «d_efecto barroco».

en vez de uno en el que las personas hacen cosas (White, 1992). Pero numerosos estudios nos demuestran que no existe algo así como una «catástrofe natural», sobrevenida, *des-astrada*. Las causas y consecuencias de las catástrofes no están definidas por un orden natural autónomo, ni son inevitables. Por el contrario, están ligadas a la historia de la humanidad, moldeadas por la acción y la inacción humanas. Son ficciones interpretativas. En calidad de acontecimientos e ideas, los desastres se construyen socialmente, son siempre políticos; como construcciones sociales, el desastre, la vulnerabilidad, el riesgo y la resiliencia conforman y son conformados por las contiendas por el poder. Los desastres se producen a lo largo del tiempo y por ello es necesario dar sentido a las contiendas políticas e ideológicas que los permean y observar a la gente en contexto (Remes y Horowitz, 2021: 1-10). Todo estrago es un mecanismo de ordenación. No son acontecimientos aberrantes, sino que revelan los órdenes sociales existentes y generan otros nuevos; no se limitan a revelar el mundo, lo reordenan. En última instancia, han observado Andy Horowitz, Jacob A. C. Remes o Israel Rodríguez-Giralt, el objetivo de los estudios críticos sobre desastres no es tanto comprenderlos en sí mismos como entender los procesos que los crean como ideas, los causan como hechos materiales y los definen como experiencias humanas. Por ello, «etiquetar algo como crisis», nos dice Dara Strolovitch, «a menudo forma parte de un proceso político que la convierte en tal al transformarla de una condición continua, dada por sentada y naturalizada en un problema político digno de intervención» (cit. en Remes y Horowitz, 2021: 5). Aquí, la tesis de Mark Fisher sobre la inevitabilidad del capitalismo se hace especialmente relevante: la vida en crisis como única vida posible frente a «males mayores»: «La normalización de una crisis deriva en una situación en la que resulta inimaginable dar marcha atrás con las medidas que se tomaron en ocasión de una emergencia» (Fisher, 2016: 13). La curva es el reflejo perfecto del aceleracionismo, de la comprensión siempre urgente del presente, cuyo análisis nos hace impotentes, dada la cascada de emergencias que necesitan respuesta. La curva choca frontalmente con una concepción activamente política del desastre lento. Las urgencias se han convertido en «urgentización», en un modelo de pensar y hacer secuestrado por una economía de la celeridad, que exige tiritas permanentes y no la interpretación cabal del desastre, cuya temporalidad es siempre lenta y sinuosa. Debemos aprender a percibir las catástrofes que no se manifiestan en un evento temporal limitado. De estos desastres «lentos» se han ocupado recientemente autores como Timothy Morton o Rob Nixon.

La crisis es un «superconcepto» histórico (Roitman, 2014: 10), una metáfora que trocea el tiempo en secuencias legibles y cíclicas, movilizándolas como constructos narrativos para señalar o designar «momentos de verdad». Durante los años 1950 el concepto de «larga duración» se abrirá un hueco en la historiografía. En un famoso artículo de 1958, titulado «Historia y ciencias sociales: a largo plazo», Fernand Braudel abogó por una teoría histórica que relegara los acontecimientos («pura espuma», los llamaba) en favor de una lectura capaz de recoger el «mar de fondo» de los mismos, promoviendo, de rebote, una mayor interacción entre disciplinas históricas que permitiera interpretaciones cruzadas para detectar las largas corrientes que se mueven bajo la superficie (Braudel, 1990). Treinta años antes, el economista soviético Nikolai Kondratiev había defendido posiciones similares en el estudio de los ciclos económicos. Aunque criticada por querer forzar grandes líneas maestras en tiempos muy extensos, la teoría de la larga duración tendrá efectos en una comprensión de la historia de las crisis alejada del mero acontecimiento de corto plazo gobernado por la prisa y el drama, poniendo así las bases de una visión estructural de las coyunturas que dan forma a los fenómenos. Aun así, y constatando la evidencia expuesta por Janet Roitman de que no hay «crisis» frente a «no-crisis» —ambas observables empíricamente—, sino que la crisis es una observación lógica que genera sentido en un sistema autorreferencial, o un no-lugar desde el que significar la contingencia y la paradoja (Roitman, 2014: 10), se hace muy difícil comprender las crisis como un fenómeno permanente que manifiesta una verdad duradera, como el suelo invariable que habremos de pisar a partir de un tiempo vivido en vida. La percepción de que la acumulación de diversos desastres en nuestro tiempo (ecológicos, productivos, laborales, sanitarios, sociales, políticos) está aquí para quedarse y engordar exigirá probablemente la gestación de nuevas formas de temporalidad.

Podría pensarse que esas nuevas cronopolíticas serán inversamente proporcionales a las que se crearon con la noción de progreso, cuando las crisis moteaban un tiempo histórico modulado a través de acontecimientos positivos, y que ahora habrá que imaginar un tiempo pintado permanentemente de oscuro, y salpicado aquí y allá con destellos de claridad. Pero ese no es un diagnóstico factible en términos de comunalidad humana, ni tampoco es posible un lenguaje exento de metáforas de esperanza, cuando sabemos que todo lenguaje es una ilusión redentora capaz de inventar miles de soluciones. Sin embargo, la invención de un tiempo propio para la crisis ya está en marcha y se gestiona mediante una cronopolítica privatizada del tiempo, del dolor, de la verdad, del pasado y del futuro. El tiempo se compartimenta y surgen curvas adaptadas a cada observador de manera que sea cada quien el que mida su carga de responsabilidad o su grado de participación en las soluciones. Es un tiempo cuya condición principal es la impotencia colectiva pero también la salvación personal bajo la promesa de una solución de última hora. No hay mejor ejemplo de ello que el «largoplacismo».

El largoplacismo es hoy una de las filosofías triunfantes en el caos de los desastres, convertida ya en una cosmovisión casi religiosa, influenciada por el transhumanismo y la ética utilitarista, y alentada por los magnates tecnológicos y hasta por la ONU (Torres, 2022). El largoplacismo afirma que, gracias a las tecnologías de transferencia capaces de virtualizar la vida y el pensamiento humanos, «debemos hacer lo que sea necesario para sobrevivir el tiempo suficiente para colonizar el espacio, convertir los planetas en gigantescas simulaciones informáticas y crear un número insondable de seres simulados», salvando así el legado y el futuro de la humanidad, «porque nada se puede hacer hoy para detener el desastre». Pero no de cualquier humanidad, sino de aquellos «talentos» con visos de prosperar, tal y como subraya Nick Bostrom, director del Instituto para el Futuro de la Humanidad. De este modo, la vivencia del desastre no implica la necesidad de preguntarse por sus causas y por las urgencias para paliarlo, sino que hay que sobrellevarlo, incluso acelerarlo, para llegar cuanto antes al estadio en que el desastre sea historia y pueda ser interpretado como el acicate que hizo posible una posthumanidad aumentada.

Esta filosofía no se circunscribe a cuatro chalados multimillonarios que se reúnen los fines de semana para ensoñar los efectos de sus productos y comentar sus viajes espaciales, sino que existen multitud de institutos y agencias con presupuestos de miles de millones de dólares para dar forma a estas ideas e impulsarlas entre gobiernos y empresas. Un ejemplo «menor» de estas guerras del tiempo lo encontramos en *The Clock of the Long Now* [el «Reloj del Largo Ahora»], también llamado el reloj de los 10.000 años, un reloj mecánico en construcción que está diseñado para dar la hora sin falta durante ese largo horizonte temporal. El primer prototipo del reloj comenzó a funcionar el 31 de diciembre de 1999. La fabricación del dispositivo a escala real está siendo financiada por Jeff Bezos, con 42 millones de dólares, y se encuentra en un terreno que el magnate posee en Texas. Asegurarse de que cada hora seguirá marcándose en el futuro no es un acto de confianza en el presente sino la declaración obscena de que la mecánica del tiempo implacable de la productividad se perpetuará cuando acaso ya no haya nada. Es necesario, incluso, que no haya nada para que el reloj cobre sentido entre los supervivientes futuros. Es un reloj que se presenta como un monumento futuro del desastre que hizo posible que solo las estirpes adecuadas puedan llegar a superarlo. Es, además, una salvación personal que se realiza en nombre de toda una humanidad, al alcance real y económico en cualquier dispositivo del metaverso.

Es un tiempo ilusorio no porque lleve al mero engaño, sino porque reniega de un valor fundamental de la noción de crisis, «que es una instancia en la que la normatividad queda al descubierto, en la que la calidad contingente o parcial de las afirmaciones de conocimiento —principios, suposiciones, premisas, criterios y relaciones lógicas o causales— se disputan, critican, desafían o revelan» (Roitman, 2014: 3-4). La falta de interés general por dar espacio a esa batalla, envuelta en el halo cómodo de la impotencia, por revelar las relaciones ocultas de las cosas desde todas las complejidades no solo posibles sino imaginables, es la guerra que tenemos la obligación de luchar para atajar semejante ilusión. Félix Pérez-Hita hace hincapié en que en castellano el término «ilusión» tiene una connotación satisfecha de gozo, sorpresa y alegría, mientras que en la mayoría del resto de idiomas define una percepción falsa de la realidad. No se trataría tanto de negar una acepción para expandir la otra al enfrentarnos a las crisis, sino de aprovechar ambas, una como motivo de inspirada oportunidad de actuación y la otra bajo su condición de realismo. La curva puede ser una ilusión óptica, pero también convertirse en acicate para actuar, aunque conociendo los peligros que también conllevan ciertas miradas cortoplacistas[26].

Decíamos que la patología del tiempo del desastre se inscribe también en la predicción. Las crisis son formatos políticos de calendarización de la historia; conforman modos de pensar el tiempo. Pero en las sociedades de la urgencia no queda tiempo, el presente se achica y solo queda la esperanza del futuro cuya presencia es la propia sustancia de la vida, pues para todo ser humano el futuro representa el acto mismo de vivir. La predicción surge como la fuerza capaz de volver a expandir el tiempo, de volver a recuperarlo. Los humanos somos una especie de aparato automático de previsión. No obstante, buscamos oráculos y encontra-

---

[26] Benjamin Bratton ha iluminado recientemente algunos de estos riesgos sobre cómo el diseño de la urgencia puede repercutir en una anomia similar a la provocada por las políticas del largo plazo: «Hoy en día, muchos proyectos bienintencionados inscriben el diseño para que funcione con el fin de proporcionar un mejor confort a quienes se encuentran atrapados en situaciones de emergencia real, como los refugiados, los desplazados y las víctimas de catástrofes. Sin descartar la obvia ayuda que un buen refugio proporciona para aliviar la aguda miseria de tales experiencias, debemos ser honestos al ver que acomodar la emergencia es también la forma en que un estado de excepción quizás ilegítimo se estabiliza y con el tiempo se normaliza. Si al patrocinar una comisión, el perpetrador queda inmunizado de la perturbación mientras los internados y desplazados son reformados y reconfigurados, entonces el diseño en nombre de la emergencia ayuda tanto a las víctimas como a los victimarios» (Bratton, 2015: 367).

mos que sus cantos matemáticos nos hablan de agonías lentas. Les imploramos que nos digan qué hacer y a dónde dirigirnos envueltos en una densa niebla. La curva es la expresión esperanzada de esa vida en amenaza, el trazo que estima el próximo paso, y nos lo ofrece al final de una secuencia supuestamente predecible. Así, la necesidad (de atacar los problemas hoy) es reemplazada por la contingencia, por la posibilidad de un suceso cuya condición fantasmal marca nuestros pasos y horas. La contingencia nos dice «y si...», nos expropia del propio tiempo y nos conduce a pensar que las profecías apocalípticas que se anuncian pueden ser perfectamente desactivadas en el futuro gracias a la previsión tecnológica. La contingencia funciona razonablemente bien. Aunque las olas no desaparezcan, dentro de la balsa se va a gusto, convencidos de que los peligros siempre serán mayores mañana. «No bajarse nunca del barco», escucha Marlow decir a sus compañeros en medio de las tinieblas.

La curva, sin embargo, descarta la aleatoriedad, tanto en su propia configuración como en el proceso de formación del objeto de su representación. Pocas curvas se conocen que sean efectivas en la comunicación de la incertidumbre. La curva es expresión cartesiana de certeza y difícilmente puede proyectar la sensación de la duda en su mecanismo interior. Dejó dicho Descartes: «Como la principal causa del miedo es la sorpresa, no hay nada mejor para librarse de él que utilizar la premeditación y prepararse para todos los acontecimientos, cuyo temor puede causarlo» (cit. en Delumeau, 2012: 35). Ello tiene mucho que ver con el legado heredado de la teoría de la información que proyecta la información como una reducción de la incertidumbre entre comunicadores («quitar el ruido»). De este modo, la información se sobredetermina como un problema cuantitativo de predicción (Hong, 2022: 6). Descartar la aleatoriedad es olvidar que la intervención del azar impide cualquier determinación de un proceso antes de que este se produzca. De ahí la importancia de la estadística probabilística, emblematizada gráficamente en la «función de onda» de la mecánica cuántica y en los primeros mapas atmosféricos. Si la predicción no tiene en cuenta el riesgo mismo de desviarse, solo es mito y demagogia. Si escogemos unos datos que nos pueden servir solo hoy, no podemos saber qué se le pedirá a esos datos en el futuro[27].

La curva es tanto un método de diagnóstico como de pronóstico de un fenómeno. Los científicos prefieren hablar de métodos «descriptivo» y «mecanicista», uno orientado hacia el pasado y el otro hacia el futuro. Un diagnóstico implica una inferencia hacia atrás. Consiste en retroceder en el tiempo, paso a paso, desde el presente hacia el pasado especulado para establecer la causa última de un evento específico. El pronóstico implica una inferencia hacia delante, es decir, se avanza en el tiempo desde las causas

---

[27] «La relevancia de una muestra en un momento corto puede existir solo como parte de un patrón más largo y profundo que aún está por recoger y por preguntar. Evitar o inhabilitar la contribución futura [de los datos] es suprimir su función social» (Bratton, 2021: 119-120).

presentes hacia los efectos futuros. En ambos procesos cabe tener presente la importancia de qué variables mirar. Ello lleva implícito la existencia de un modelo que ayuda a seleccionar las variables, ya que, de otro modo, los resultados serían inútiles desde una perspectiva interpretativa basada en la comparación y la correlación. Esto es, toda predicción se fundamenta en un diagnóstico, en una retrodicción, porque, tal y como señalaron Einhorn y Hogarth, «parece probable que el éxito en la predicción del futuro dependa en gran medida de dar sentido al pasado». Poniéndolo en palabras de Kierkegaard: «La vida solo puede entenderse hacia atrás; pero debe vivirse hacia delante» (Einhorn y Hogarth, 1982: 24).

Las curvas gráficas son escrituras de un tiempo aparentemente lineal pero que, sin embargo, expresan un sentido tanto anacrónico como predictivo, de ahí su condición oracular. Son anacrónicas porque revisan el pasado en función de la evolución concreta de un fenómeno del presente. La posibilidad de variar el sentido de los datos recogidos en el pasado o de ejecutar otros datos descartados en su día adquiere pleno sentido bajo la llamada de la urgencia y de la necesidad de *otras posibilidades, desde otra perspectiva*. Al mismo tiempo, gracias al comportamiento de las catas en el pasado, es fácil inferir una estimación futura. El cursor que parpadea esperando una instrucción previsible o el fin de la línea que modela la gráfica y que está a la expectativa de la llegada del nuevo dato son las nuevas expresiones visuales de este triunfante capitalismo oracular.

Esto no es simplemente el efecto de un instrumental técnico, a pesar de que la cultura de la ingeniería, la ciencia y la estadística inventara la noción moderna de riesgo. Por el contrario, forma parte del meollo en el que el tiempo se ha metido. No es mera aceleración que marca mutaciones en escala, sino la ruptura del eje que separa el antes y el después. El tiempo tiende así a fantasmatizarse. En los años 1980 aparecieron en Occidente teorías de politología y gestión pública que abogaban por el uso del *backcasting* (pronosticar en el pasado) en el análisis de algunos fenómenos, de manera que fuera posible inducir resultados. La ciencia estadística procedente de las ciencias naturales volvía a hacer incursiones en las ciencias sociales. En paralelo, surgieron conceptos como el de *hiperstición* entre círculos izquierdistas que enseguida fueron apropiados por los mercados, y que describen el poder del *wishful thinking,* del nuevo animismo digital dador de vida, de la profecía autocumplida. Estas «apuestas» reflejan sucintamente el hecho de que toda predicción es siempre políticamente productiva. En un doble sentido: cuando se hace una predicción es necesario descartar todos los presentes que no contribuirán a hacerla posible y entregar el alma a los que sí. Estos últimos están destinados a *suceder,* haciendo del *timeline* el cardiograma de un malestar desubicado, convirtiendo al tiempo en el espacio subrogado del dolor. Pero el pronóstico también es capaz de desproducir el augurio, y este es otro de los efectos, desde luego positivo, de la ruptura del tiempo causal generado por las tecnologías cronopolíticas. Si un modelo sugiere la aparición de una amenaza —pongamos que se trate de un brote o pico de un contagio—, puede provocar una respuesta importante por parte de las agencias correspondientes que permita que la predicción original sea incorrecta. La predicción siempre está regida por la voluntad de trastocar el tiempo.

Ya ha sido suficientemente probado que la metaforización del tiempo está íntimamente conectada a las propiedades del espacio y de los «acontecimientos», es decir, que son pura curva: el tiempo no se puede comprender sin el espacio; el tiempo es direccional porque los acontecimientos son irreversibles y no pueden «des-ocurrir»; el tiempo es segmentable porque los hechos son periódicos y tienen principio y fin; el tiempo es medible porque los acontecimientos se suceden los unos a los otros. Además, la percepción lineal y espacial del tiempo tiene la utilidad de permitirnos calibrar la emergencia de los acontecimientos próximos, que se ven más grandes y dan una mayor sensación de urgencia, contribuyendo así a una mejor visualización de los propósitos que deben alcanzarse en el tiempo (Lakoff y Johnson, 1999: 358-359; Mitchell, 1980: 274).

Todos sabemos que no podemos percibir el tiempo sin flujos, sin «duraciones», sin que el tiempo «pase», sin que el futuro se «acerque». La idea del tiempo está marcada por las metáforas espaciales de la sucesión, unas categorías que son centrales en la curva. Son metáforas necesarias porque están pensadas para convertir el tiempo en movimiento, en algo que el ojo puede captar solo en términos de dirección, como las cronografías de Marey en las que personas y caballos deben moverse de verdad, saltar o ir al galope, para poder ser medidas en el tiempo. Para registrar el tiempo hay que coreografiar las cosas. Lakoff y Johnson recurrieron a la famosa paradoja de Zenón para hablar de lo profundamente condicionada que está la construcción lineal del tiempo (Lakoff y Johnson, 1999: 363). La linealidad del tiempo se construye solo en los ojos del observador que moviliza algunos activos de los fenómenos para configurar una relación táctica con el entorno. Algo parecido sucede con la curva. En ella, el tiempo adquiere linealidad solo para quien ha movilizado los datos de forma exhaustiva, pendiente de que la línea tenga la consistencia necesaria para conectar los extremos. La dificultad en otro observador para ver la misma linealidad no radica en que no entienda la lógica discursiva o no sepa conectar los aparentes nodos de la misma, sino en la detección de todos aquellos datos que pudieran crear una temporalidad distinta del mismo fenómeno expuesto; es decir, en la posibilidad de contextualizar el fenómeno en un marco de referencias diverso.

Las curvas tienden a esconder los «otros datos», impidiendo a menudo la pluralidad de tiempos que pueden deducirse de una realidad dada. No es sencillo entender que un conjunto de datos desplegados en una línea temporal no es una representación de una serie de acontecimientos históricos individuales o particulares, sino la muestra de un patrón de actividad que ha de ser comparable y extrapolable (Maas y Morgan, 2002: 100). Y donde hay patrón hay tiempo «en serie», un escenario potencialmente interesante si permite la convivencia de temporalidades diversas y facilita el diálogo entre ellas, pero poco apetitoso si reduce su mundo al acto mismo de contar el tiempo. El tiempo de las curvas gráficas no es simplemente un producto de la mentalidad mecanicista regida por las causas y los efectos, sino una cronopolítica algo diferente, en la que los tiempos propios de las desviaciones —aquello que desdice las causas y efectos habituales— dejan de convivir y «ser vistos» junto al tiempo de las expectativas. René Char se preguntaba acerca de la desconfianza e incluso intolerancia de los políticos y los administradores científicos hacia la imprevisibilidad de los proyectos que carecen de un objetivo preciso y preestablecido: «¿Cómo establecer planes a largo plazo en condiciones turbulentas? ¿Cómo evaluar las etapas de un desarrollo cuyo resultado es totalmente imprevisible?» (cit. en Jacob, 2004: 14). Se hace necesaria, por tanto, la construcción de curvas que permitan la apertura cronológica, la plantación de posibilidades que multipliquen el mundo.

¿Qué hubiera sucedido si las curvas de la covid no hubieran respondido solo a la minería unívoca de datos de los hospitales públicos mostrados como un todo espaciotemporal y hubieran representado los porcentajes de contagio extraordinariamente diferentes entre barrios ricos y pobres? ¿Cómo explicar la ausencia de curvas específicas de contagio por sectores laborales, áreas de densidad poblacional, o residencias de ancianos, en las que la infradotación de recursos —cuando no la corrupción y la incompetencia criminal— condenó a una muerte humillante a más de 30.000 personas? Fue gente que se contagió no por romper la cadena de restricción social sino por estar sometida a una cadena sindémica de abandono administrativo, presupuestario y moral. Hacer esa curva nos mostraría el espacio en el que el Contrato Social se evapora; el lugar ausente del Estado. Pero no la vimos. Si somos conscientes de que la noción de desastre es una construcción social y política antes que un fenómeno natural, lo ocurrido en los asilos (del griego *ásylos,* «refugio inviolable») fue un crimen contra la humanidad. ¿No mereció aquel estrago una curva? ¿Qué curvas hemos visto en los noticiarios sobre la relación entre los metros cuadrados de los domicilios o sus sistemas de ventilación con el ratio de contagios? ¿Alguien recuerda haber leído curvas que dibujen la estrecha relación entre ingresos económicos y circulación vírica?, ¿o gráficas que relacionen el nivel de contagio entre los hogares con niños o sin ellos, cuando hace mucho que se sabe que las familias con un niño se pasan una tercera parte del año infectadas por todo tipo de virus, y las que tienen dos, más de la mitad del año? (Kucharski, 2020: 218). ¿No hubiera ayudado esa correlación a una toma de decisiones algo diferente?

No han sido muy populares porque *la curva de la covid* ha sido unidimensional, es el producto de una cronopolítica que persigue la generación de un tiempo unívoco, el tiempo del Estado y de sus instrumentos biopolíticos en una situación de emergencia. Es un *timeline* que funciona como paraguas en nombre de un Contrato adelgazado y que era preciso vestir con ropajes de unidad y homogeneidad, con el trazo ridículamente grueso que dejan «todos los recursos del Estado» de los que hablaba el presidente español.

El tiempo que representa la curva es la negación no solo de las temporalidades de las crisis que se han ido acumulando silenciadamente a lo largo de años, sino también de los otros tiempos de la pandemia, aquellos que no son computados porque desvían la atención de lo importante, que es la acción del Estado, que ha recuperado la Voz. Efectivamente, una pandemia es un asunto de Estado, y nadie puede imaginarse otra solución en un episodio semejante que la de movilizar todos sus recursos en pos del bienestar de los ciudadanos. Pero la curva debería ser también otro tipo de asunto de Estado, la oportunidad de vertebrar todos los mimbres y tejidos, de recoger todos los datos, desde luego, pero no para visualizarlos como un todo dramático que acaba escondiendo el resto de dramas sino para reconstruir su propia realidad múltiple y, sobre todo, multilateral. La curva tiene mucho de reloj, en el sentido que le dio Lewis Mumford, no como un «mero medio para llevar la cuenta de las horas, sino para sincronizar las acciones de los hombres» (Mumford, 1956: 4-5). Pero sincronizar no significa el dominio populista de un tiempo sobre otro, sino «hacer que ocurra al mismo tiempo». Compartir un mismo tiempo debería sugerir que la vida se expresa en plural en aras de conseguir un objetivo: el de convertirse en un espacio de convivencia en el que diversas «ecologías del saber» puedan llegar a dialogar la complejidad, incluso a costa de su propia integridad y consistencia. Por eso la curva de la covid es expresión de una mala concepción de lo común: ha sido simple matemática médica mediante la que la vida y la muerte han sido espectralizadas.

A medida que la curva de la pandemia se extendía en el tiempo y podía verse con mayor claridad el comportamiento de las sucesivas «olas» se hizo fácil considerar dos efectos sustanciales. El primero consistió en la normalización de su presencia. Al percibir que las olas iban y venían casi de una forma regular, era fácil imaginar que la población adaptaría sus quehaceres cotidianos y la planificación de sus vidas a esas frecuencias. Las ventajas de ese efecto radicaban en la disminución de la sensación de ansiedad pública, al ver que el fenómeno disponía de una biografía legible e interpretable. Pero el riesgo de esa percepción para la gestión de la crisis también fue detectado en los gabinetes sanitarios de seguimiento y comunicación, pues se corría el peligro de que la gente relajara su atención y compromiso con los paquetes de medidas restrictivas[28], además de imputar la causa de las diferentes olas a elementos exógenos, incluso vinculados a la matematización de los procesos de conteo, como si las leyes estadísticas pudieran generar modelos ajenos a la experiencia de aquellos que no habían enfermado (la gran mayoría durante el primer año de pandemia).

El segundo efecto de una curva extendida en el tiempo fue la elocuente percepción de que la curva no aportaba soluciones a la crisis, sino que simplemente reflejaba una parte de su recorrido. Es lo que Niklas Luhmann describe como el «problema del horizonte»: «La característica esen-

---

[28] Véase el documental *La curva* (2022).

cial de un horizonte es que nunca podemos tocarlo, nunca llegar a él, nunca superarlo, pero que a pesar de ello, contribuye a la definición de la situación» (Hong, 2022: 8). La condición predictiva de la curva no suponía la producción de pronósticos precisos, sino la de demostraciones ritualizadas del tiempo de predicción. La repetibilidad de las olas podía ser interpretada de diversos modos, bien como producto del ciclo estacional de las actividades sociales en interiores y exteriores (vacaciones, fiestas, manifestaciones…), bien como resultado del apego o desapego de la gente a las medidas de restricción. Pero, de todos modos, revelaba que la condición preventiva de la curva, que anuncia cuando hay que estar alerta o cuando hay que reducir la guardia, había colapsado.

La predicción implícita en la secuencia de las olas no servía para atajar la crisis. Si las matemáticas públicas pueden estimar lo que va a suceder, ¿por qué se repite la curva? ¿Por qué no se proponen soluciones para que la predicción no suceda? Hoy sabemos que los vaticinios de la evolución de la covid en Estados Unidos ya eran bastante correctos en mayo de 2020. Las predicciones aciertan porque desde hace un par de siglos la epidemiología y las matemáticas han progresado mucho juntas. Predecir bien para no hacer nada, ¿qué utilidad tiene? ¿O es que acaso la predicción no tiene la utilidad que pensamos?

La curva nos ayudó a entender cómo se comportaba la covid; hizo bien el trabajo encomendado: convencer a la gente de la responsabilidad personal en la gestión de la crisis. Pero nos dejó una paradoja fundamental. La epidemióloga Anna Llupià, del Hospital Clínic de Barcelona, la expuso de manera sucinta:

> Me parece muy doloroso que se prediga la próxima curva [...]. El hecho de haber visto muchos números, muchas gráficas y que se haya utilizado el *big data* puede dar la impresión de que tenemos el control pero no creo que haya dado información necesariamente útil para la vida[29].

Muchos dicen que hay que decidir entre presente o barbarie. Todos sabemos lo que hay que hacer. No me queda más que suscribir el modo en que Susan Scott Parrish ha descrito lo que considera las necesidades esenciales:

> Necesitamos medios de comunicación que puedan demorarse lo suficiente como para rastrear causas y efectos indirectos, lentos o estructurales [de los desastres]; que puedan convertir lo invisible en una realidad percibida o acreditada; que puedan describir el mundo exterior de la materia y cómo interactúa con el mundo interior del pensamiento y la emoción y la respuesta corporal; que puedan ser lo suficientemente flexibles como para albergar una variedad de modos de conocimiento que pueda reconocer el poder de los actores humanos y no humanos a la hora de producir o aliviar el peligro; que se niegue a excluir estos complejos procesos detectivescos y deliberativos en aras de una rápida y endeble

---

[29] Véase el documental *La curva* (2022).

«reparación» social; que pueda sacar provecho de la reducida duración de la atención humana; y que, por último, pueda producir una sana «ciudadanía del desastre» (Scott Parrish, cit. en Remes y Horowitz, 2021: 136-137).

La razón empática

Desde 1988 el Centro para la Investigación sobre la Epidemiología de Desastres (CRED) de la Universidad Católica de Lovaina, en colaboración con la Organización Mundial de la Salud y el gobierno belga, elabora una Base de Datos de Acontecimientos de Emergencia. En 2016 presentó un gráfico de curvas [28] que mostraba los registros acumulados de eventos desastrosos en el mundo desde 1960 repartidos en cinco categorías: biológicos, climatológicos, geofísicos, hidrológicos y meteorológicos[30]. Es un gráfico de acontecimientos, esto es, de terremotos, tsunamis, incendios, riadas, huracanes, sequías, epidemias. No nos cuenta las razones de estos, muchos de ellos resultado de la intervención humana: deforestación, planificación hídrica, agrícola y urbanística, guerras, explotación industrial, emisiones contaminantes. Es un registro y así lo anuncia la institución que lo produce, sin engañar a nadie. Los protocolos tomados para definir lo que debe ser registrado

---

[30] https://www.emdat.be/

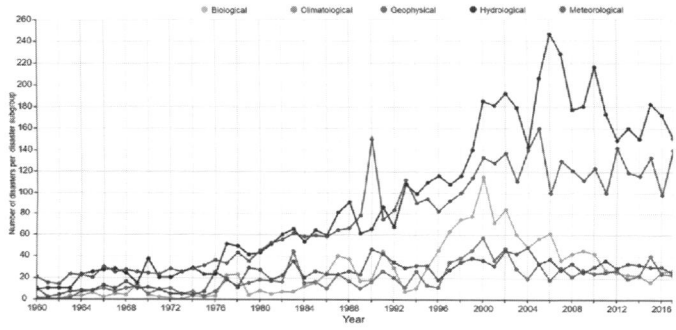

28. *Base de Datos de Acontecimientos de Emergencia (1960-2016)*, elaborado por el Centro para la Investigación sobre la Epidemiología de Desastres (CRED) de la Universidad Católica de Lovaina (Bélgica), 2016.

son muy cuidadosos y están bien estandarizados, de modo que los cambios en su definición no puedan alterar el valor objetivo de su función. A pesar de no ofrecer explicaciones del porqué, estos gráficos son de gran ayuda para observar que, efectivamente, los desastres van en proceloso aumento.

Sin embargo, crece también el número de personas que no reconocen la veracidad de estos gráficos, o que *no se reconocen* en ellos. El negacionismo —un término polisémico que utilizo aquí en razón de su popularidad y no de su precisión— ha sido definido como el rechazo a aceptar como válidas realidades empíricamente verificadas con la intención de evitar verdades que incomodan o que perjudican el desarrollo de estrategias en curso. Está fuertemente sujeto a pulsiones y deseos insertos en marcos religiosos, culturales, políticos o empresariales cuyos objetivos están predefinidos y que no admiten interpretaciones o procedimientos alternativos o complementarios. Un factor decisivo del negacionismo es la desconfianza de sus practicantes hacia la ciencia, con sus procesos altamente tecnificados y su posición dominante en la gobernanza biopolítica. Al mismo tiempo, a mayor producción académica, mayor aparición de disparidades, un hecho natural que se utiliza para criticar la falta de «consenso científico». Esta condición sospechosa del poder científico es una base importante de los discursos negacionistas que consideran que la comunicación no es confiable, bien porque ven las trazas del habitual maquiavelismo gubernamental —el caballo de Troya que algo esconde—, bien porque rechazan que tenga que ser el «debate» científico la evidencia última que acelere el cambio brusco, inmediato y efectivo de nuestra vida energética.

Es de esperar, pues, que las imágenes estadísticas sean consideradas también sospechosas de transportar ficciones que operarían subrepticiamente en contra de la «obviedad de los sentidos». Además, los medios actuales para alterar o editar las imágenes en amplísimos rangos de verosimilitud ofrecen una buena excusa para el cultivo de una mayor incredulidad, aunque esas manipulaciones se hayan convertido singularmente en el modo en que los negacionistas transmiten sus mensajes, obligando a los científicos a responder a fin de desactivar el ingente flujo de falsedades, y generando el más insostenible de los efectos, el de pensar que no existe la verdad y que todo es instrumental; que solo hay hechos y que la forma de juntarlos ya son opiniones.

Este debate sobre la sospecha de la curva y de las proyecciones suscitado en el ámbito del lenguaje social parte de una premisa fácilmente constatable: la mayoría de las personas considera que una estadística no las refleja. Una estadística habla siempre de «medias», por ello no todo el mundo ve su número en ellas. Los pediatras utilizan el «percentil» para medir la evolución de los niños en relación con su talla y peso, comparándola después con la media establecida. Sin embargo, todos los padres y madres que he consultado comentan que sus hijos «no dan el número», a veces provocando preocupación y muchas consultas adicionales al médico. Esta ha sido una *querelle* siempre presente en el mundo científico. Las estadísticas son buenas para captar abstracciones, pero despiertan graves recelos cuando las bajamos al puro dato, cuando, por ejemplo, nos las aplicamos a nosotros mismos. El caso del famoso paleontólogo e historiador de la ciencia estadounidense Stephen Jay Gould es muy conocido y divulgado. En 1982, Gould fue diagnosticado de un cáncer mortal. Tras dos años de una lenta recuperación mediante dolorosos tratamientos hasta la completa curación, descubrió que la esperanza de vida media en pacientes con el mismo diagnóstico era de solo ocho meses. Bajo el título «La media no es el mensaje», publicó un artículo en una popular revista de divulgación científica en la que explicaba los problemas de los promedios estadísticos, que aun siendo «abstracciones útiles», no abarcan «nuestro mundo real de variaciones, matices y continuidades» (Gould, 1985: 40-42). Esta es una cuestión que plantea un problema de empatía y de creencia. ¿Debo hacer caso a la media cuando acaso mis números no coinciden con ella?

Naturalmente, no podemos dejar de tener presente que muchas personas cuestionan la evidencia de los desastres porque simplemente ponen en solfa sus formas de vida, especialmente económicas. Un agricultor a quien le cortan el agua de riego a causa de la sequía o un constructor a quien le impiden la construcción de apartamentos en humedales en nombre de la sostenibilidad pueden ser los más acérrimos detractores de las evidencias científicas: se trata de percepciones cuyo eje pasa por una suerte de autoempatía (la caridad empieza por uno mismo) que se confunde con la noción individualista de la libertad. Pero vale la pena ver esta cuestión desde otro punto de vista. La evidencia facilitada por la ciencia y por sus dispositivos de comunicación gráficos de que estamos instalados en un régimen del desastre antropogénico choca a menudo con la libertad misma de no creer, concebida como el instrumento liberador frente a una objetividad que dicta el curso de las cosas.

La filósofa Ayn Rand, acalid del «liberalismo ilimitado» surgido en los años 1960 en Estados Unidos, proclamó que toda verdad se debe a su libertad para ser expresada y que es la experiencia liberadora de la sinceridad —la manifestación pública de toda sospecha, por subjetiva que sea— la nueva gasolina de la verdad. A su juicio, la historia del individuo es la lucha de su sinceridad contra la verdad mayoritaria que ata a la gente a deshacerse de sus propias verdades. La independencia del individuo para sostener un «egoísmo racional» es la que provoca el necesario conflicto permanente con las masas, contra las que ha de perseverar para realizar sus objetivos. En pocas palabras, se trata de «llevar la contraria» como acto de libertad. Esto puede sonar muy foucaultiano, en el sentido planteado por el filósofo francés de la «parresía», el habla franca que incomoda, la actividad verbal en la cual un hablante expresa su relación personal con la verdad, y corre peligro porque reconoce que decir la verdad es un deber para mejorar o ayudar a otras personas (tanto como a sí mismo). Pero se trata de una apariencia de similitud. Rand y Foucault están en sus respectivas antípodas, porque mientras Rand sostiene que la libertad individual prefigura siempre la verdad, entiendo que Foucault acepta que uno pueda negar su propia libertad para llegar a la verdad, comprender lo que ocurre aunque no me ocurra a mí, aunque ello suponga la cancelación de una parte de mi propia libertad. Aceptar que lo que es bueno para los demás puede que no sea bueno para mí supone la asunción de una esperanza radical en la gestión del desastre. Y un reto inaplazable para científicos y gobernantes que creen ver en la curva la evidencia de su propia razón.

Los informes científicos nos dicen que estamos entrando en la sexta extinción masiva de la vida en un planeta con 3.800 millones de años encima. La población global de vertebrados salvajes (mamíferos, peces, reptiles, pájaros, anfibios) se ha reducido un 60 por 100 entre 1970 y 2014[31]. Las curvas que lo demuestran han sido contrastadas y son accesibles para su ulterior análisis. Sin embargo, para muchos, esos informes adolecen de falta de sinceridad porque no comunican la experiencia de todos, por ejemplo, de quienes no han sufrido los desastres, o de quienes aún tienen la oportunidad de ver ballenas en el mar. La mayoría de los negacionistas de la covid lo son mientras no están contagiados. Las personas que rechazan las rutinas de vacunación de sus hijos pequeños viven en su mayor parte en lugares en los que —gracias a la vacunación— hay ya pocas infecciones. Un encuesta de 2019 descubrió que los países europeos tendían a confiar mucho menos en las vacunas que los de África y Asia (Kucharski, 2020: 411). La mayoría de negacionistas del cambio climático lo son porque viven aislados de sus efectos. Las crecientes olas de calor son ridiculizadas bajo el aire acondicionado. Los terraplanistas pueden defender lo indefendible porque que la Tierra sea plana no cambia en nada sus vidas. Los desastres van por barrios. La curva no muestra a los individuos ni sus percepciones, tampoco a los sujetos que no se sienten desalineados con los astros. Es verdad, solo nos enseña los hechos pero oculta las libertades para sentirlos y convertirlos en sinceros. Es la gran paradoja de la curva, que así pivota enganchada sin remisión a las guerras de la verdad. Su utilidad manifiesta

---

[31] *Living Planet Report 2018 Technical Supplement: Living Planet Index,* World Wild Fund for Nature, 2018. URL: https://awsassets. panda.org/downloads/lpr2018_technical_supplement_for_lpi.pdf

se enfrenta a su calculada y restrictiva genealogía, lo que para muchos es paralizante e incluso amenazante.

Otra cuestión importante es el efecto de desapego e incredulidad producido por la invisibilidad o la inevitabilidad del desastre. Timothy Morton ha argumentado que, dado que el alcance de nuestros retos medioambientales actuales —el calentamiento global, por ejemplo— solo es detectable a través de la tecnología pero no tanto desde la experiencia corporal directa, tenemos el reto epistemológico de aprender a reconocer la realidad inherente de estos «hiperobjetos» que nuestros cuerpos no pueden percibir en su totalidad. Tanto Morton como Rob Nixon nos instan a inventar formas de representación que hagan que lo que no es directamente perceptible se sienta tan real como en realidad es (Remes y Horowitz, 2021: 133-148). La curva es efectivamente una forma de traducir esa invisibilidad en articulaciones lingüísticas pero, como hemos visto, fracasa a menudo en su capacidad para generar empatías reactivas. Al mismo tiempo, los formatos gráficos del desastre también nos interpelan sobre la «invisibilidad» de los desastrados, porque los que no se cuentan tampoco se ven. Dos ejemplos: las comunidades del Complexo do Alemão de Río de Janeiro vieron que las estadísticas de coronavirus de la ciudad excluían los casos de las favelas y se pusieron manos a la obra para crear su propio banco de datos a fin de rastrear la enfermedad. En la India, ante la falta de datos, un equipo de voluntarios integrado por académicos, estudiantes universitarios, comunicadores científicos, ilustradores y traductores de diversos lugares creó una plataforma *online* diseñada para transmitir información científica basada en datos fiables, y traducida en catorce lenguas del país (Santos, 2021: 267).

La lentitud del desastre —porque los desastres siempre vienen de lejos— también perjudica notablemente la forma que tenemos de enfrentarlo y de representarlo. En el caso de la covid, la estrategia de «aplanar la curva» dibujó un horizonte de crisis lento y largo, de muy difícil sostén político, que fue pronto compensado por el *management* de la urgencia, con sus cultivos de previsión en los picos, mesetas y valles de la curva vírica. Esto reveló que los métodos científicos no están bien adaptados a la escala de tiempo en la que se mueven, por ejemplo, los brotes de contagio, con todos sus cambios repentinos, o a que hay que esperar bastante para saber si las medidas tomadas surten efecto. Pero también expuso que la dimensión extendida de las crisis favorece la selección de malas predicciones hechas en el pasado para presentarlas como ejemplo de la falta de consistencia de las estimaciones que los científicos producen hoy. Este es un razonamiento habitualmente presente entre los que sospechan de las estadísticas. Adam Kucharski, matemático experto en epidemias, ha subrayado que uno de los problemas de las predicciones fallidas es que refuerzan la idea de que los modelos no son particularmente útiles; si los modelos producen predicciones incorrectas, ¿por qué habría que prestarles atención? (Kucharski, 2020: 342). Al mismo tiempo, la lentitud confunde y lleva a tomar la parte por el todo. Por ejemplo, muchos negacionistas del cambio climático niegan su magnitud, no su existencia, y apuestan por la idea de que precisamente porque los tiempos son lentos podemos tomar medidas menos alarmistas y urgentistas, podemos «aplanar la curva». Dennis Meadows equipara esta actitud a la rana «que no salta de la olla, cocida demasiado a fuego lento». Esta aparente percepción de que la crisis climática (u otras tantas) es un episodio que podemos tratar con mucho margen de tiempo, en contra de las alarmas procedentes de la «histeria ecológica», se ve reflejada en los numerosos testimonios de haber vivido episodios similares en el pasado.

En septiembre de 2022, el filósofo Fernando Savater, en una columna de prensa en la que hacía gala de una apasionada militancia negacionista, exponía el caso de los tórridos veranos de la costa vasca en los años 1940, y recordaba la frase de Victor Hugo «¿El fin del mundo? Eso ya ha pasado muchas veces». Cito este texto de Savater porque en él, además, se recoge con sencilla habilidad el argumento de que el tiempo del progreso es eterno (Eón, el tercer dios griego del tiempo que nos faltaba, después de Cronos y Kairós) y siempre podrá escapar del colapso: «Los apocalípticos que predican el decrecimiento energético son fanáticos, no ilustrados, porque el desarrollo industrial es imprescindible para mejorar la vida humana y luchar contra la miseria. Los males que trae el progreso (los reales, no los inventados) solo pueden remediarse progresando mejor. Habrá que considerar costes y beneficios, no llorar por los osos polares» (Savater, 2022). De esta guisa, se actualiza la evolución darwiniana bajo los parámetros de la modernidad, en el sentido de ser procesos de una gran tem-

29. Campaña publicitaria de la compañía aérea Easyjet, 2022: «Cero emisiones para la próxima generación. Para ayudar a proteger nuestro planeta, nos comprometemos a convertirnos en una línea aérea con cero emisiones de carbón en 2050». O sea, «ya os lo comeréis».

poralidad que hoy ya podemos «controlar». Además, las estructuras cronológicas de las gráficas chocan con un hándicap insuperable de empatía: la duración de la vida de las personas. La idea de que la solución no está nunca en el tiempo presente (el propio) sino en el futuro [29], de que siempre queda margen para todo, de que podremos adaptarnos «como siempre hemos hecho», ahoga la curva larga en su propia condición cronológica impidiendo una lectura kairológica del problema, capando las posibilidades de actuar en los momentos más precisos y adecuados, es decir, cuestionando la utilidad de la predicción como una acción real capaz de conducir al fracaso del augurio fatídico.

El fisiócrata y economista Lemercier de La Rivière (1719-1801) algo captó de todo esto al escribir que «Euclides es un verdadero déspota y las verdades geométricas que nos ha trasmitido son leyes verdaderamente despóticas. Su despotismo es […] el de la fuerza irresistible de la evidencia» (cit. en Arendt, 2013: 317-318). La fe opera en el corazón de la razón, no en sus márgenes, esto es esencial tenerlo claro, pero también que las leyes matemáticas no son de la misma naturaleza que las leyes de una comunidad. Toda curva que se precie como forma de escribir y habitar el mundo debe responder a las leyes de la comunidad, que también son regidas por actos de fe y confianza. El único medio de luchar contra la peste —decía Albert Camus— es la honestidad. Y la primera de todas, nos sugirió François Jacob, es que no haya experimento de ninguna clase con un ser humano sin contar con su conformidad: «En cualquier circunstancia, debe preservarse el respeto y la dignidad de la persona. Incluso cuando se toma a sí mismo por objeto, el ser humano debe seguir siendo sujeto» (Jacob, 2004: 154-155), un sujeto relacional. Es necesario ofrecer una negociación social de los cálculos para así poder mantener el vínculo entre la democracia y la automatización. Un científico honesto debe siempre estar implicado en la realidad de problemas políticamente complejos y tejidos en diversas dimensiones. Las matemáticas no pueden olvidar de qué están hechas las letras, funciones, vectores y puntos que forman parte del dibujo de una curva, y no son pocos los que advierten de cómo el cálculo se ha apoderado del centro de la conciencia humana, decretando una autarquía del pensamiento humano, que hoy parece reconocible y creíble solo si se expresa a través de códigos numéricos (Mezza, 2020: 46; Giordano, 2020).

Lo que la curva nos revela es la urgencia por crear intensos diálogos entre los saberes disciplinares y los indisciplinares, los que permiten una cómoda trazabilidad y los que no. En noviembre de 2021, el gobierno francés emitió una campaña audiovisual en la que un grupo de amigos reunidos para comer debaten sobre si ponerse la vacuna o no. El anuncio acaba con la frase: «Se puede debatir de todo, excepto de los datos»[32]. Se abrió un intenso debate sobre las «verdades baratas», las producidas socialmente fuera de las fortalezas disciplinadas de la ciencia, no como forma alternativa a la practicada en la academia, sino —al decir de Antonio Lafuente— como «una producción táctica cuyo destino no es hacer carrera, sino hacer ciudad; no se postula como conocimiento que busca su objetivación, sino la objetualización. No aspira a tener razón, sino a materializar la convivialidad»[33]. La atención y el cuidado de

---

[32] «Covid-19: On peut débattre de tout... sauf des chiffres», Agence régionale de santé Pays de la Loire, YouTube: https://youtu.be/uUZDWW7V36A

[33] «La verdad se nos muestra con frecuencia como entera y de una pieza, algo que no puede ser desmontado, descompuesto, desarmado, desorganizado, descontextualizado o deshilachado. Y si no puede ser intervenida para cambiar una esquinita, reescribir una frase,

esas formas «low cost» de aproximación a los problemas no presuponen el abandono de la empresa científica, movida por la neutralidad, la objetividad y la racionalidad, sino que —como nos recuerda Isabelle Stengers— contribuyen a preservar la fecundidad y relativa fiabilidad de las buenas prácticas científicas apoyadas en el reconocimiento de que quienes practican con saberes no académicos también abren sus propias incógnitas y amplían la interpretación del mundo (Stengers, 2015: 149). Tengamos presente que una parte sustancial de las ciencias trabaja para dar respuestas a preguntas formuladas fuera de los laboratorios, a menudo en esferas catalogadas como irracionales de la vida psíquica y social. Tal y como señala Alfons Zarzoso, es tan importante el síntoma (la descripción hecha por el paciente) como el dato (lo que es medible y cuantificable por el médico). Una ciencia sanitaria «saludable» debe encontrar el equilibrio entre esos dos extremos.

Hay que encontrar modos complementarios de representación, partiendo, por ejemplo, de prácticas artísticas y activistas cuyas vías de acceso no son frontales sino que se sitúan en la encrucijada de saberes laterales, a veces mucho más expuestos a los efectos de las crisis. Se hace necesario explorar formas simbólicas de interpretación capaces de

abrir un fragmento, rehacer una línea, recrear un bloque, incluir un sesgo, introducir un matiz, proponer un pliegue o restaurar un marco, entonces es una verdad que nos rechaza, que solo nos acepta para adorarla, como espectadores o usuarios, pero nunca como hacedores, como críticos o como productores» (Lafuente, 2021).

expresar la presencia del desastre desde la escuela, mediante mecanismos sensibles que susciten actitudes conscientes y empáticas. Las estadísticas transforman las tragedias en números abstractos que terminan creando indiferencia, por lo que es importante utilizar otras vías de representación. Hay que explicar —con especial ahínco en una sociedad cuyo lenguaje es cada vez más iconográfico— que las gráficas no deben interpretarse como el modo primario de producción de conocimiento, sino que deberían verse como una extensión de la misma. Se me antoja urgente la performatización escolar de la función de las gráficas estadísticas, el uso de la ventriloquía para dar a conocer que las curvas, como dejó escrito Ernst Cassirer, no nos muestran a las personas, ni la vida real ni el drama de la historia sino, únicamente, «los movimientos y gesticulaciones de los muñecos en un guiñol y las cuerdas con que se mueven las marionetas» (Cassirer, 2016: 363). Es perentoria una educación estadística abierta a los modelados capaces de expresar la ambigüedad, la contradicción, el matiz, el cambio y otros aspectos de la consideración crítica: «Esto requiere formas y formatos que no se ajusten a las normas de las métricas regulares en cuadrículas de coordenadas regidas por un sistema cartesiano estándar». Se trataría de modelar la interpretación en lugar de mostrar la información, de buscar maneras de distinguir cuándo estamos construyendo un entorno para representar la interpretación y cuándo lo hacemos para crearla (Drucker, 2020: 3 y 12).

No todos los instrumentos sirven para todo. Los propios epidemiólogos lo tienen claro: «Cuando se investigan los brotes, nos enfrentamos a un desequilibrio entre lo que queremos conocer y lo que podemos medir» (Kucharski, 2020: 157). No se puede utilizar un termómetro para medir la experiencia humana, la temperatura de la emoción, del miedo, del desastre. No se puede hacer curvas de todo, ni podemos pesarlo todo en la misma balanza. O intentamos hacer métricas apropiadas para cada cosa, o adaptamos las métricas para que todo pueda caber en ellas, aun sabiendo que ello provocará la constante modulación de su devenir, de sus piezas y de sus objetivos. Este es, acaso, el principal reto al que nos enfrentamos: acabar con el imperio singular y unívoco de la curva y abrir el universo al mundo plural de las curvas y de otras iconografías igualmente útiles. Aprender que hay muchos modos diversos de producir verdad, conocimiento y comunidad.

En el documental *La curva,* de donde nacen estas páginas, Manel Medina, el responsable técnico último de los datos de la covid en la Generalitat de Catalunya, admitió el verdadero reto de todo este asunto: «Hay cosas que no se comportan como curvas y que se deben comunicar para hacer de la salud algo más transparente».

Agradecimientos

Las ideas aquí vertidas surgen a raíz de la realización del documental *La corba* (2022), que dirigí junto a Félix Pérez-Hita tras recibir una beca «Premis Ciutat de Barcelona 2020» otorgada por el Institut de Cultura del Ayuntamiento de Barcelona. El documental puede verse en su versión original en catalán con subtítulos en inglés en: https://youtu.be/UQX5-SdapGs.

Quiero agradecer a Félix sus abundantes ideas, siempre generosas. También quiero dar las gracias a todas las personas que fueron entrevistadas en el reportaje: Albert Carles, diseñador gráfico; Lorena Elvira, jefa del Gabinete Técnico del programa TraçaCOVID del Departamento de Educación de la Generalitat de Catalunya; Màrius Boada, director de la Oficina Municipal de Datos del Ayuntamiento de Barcelona; Clara Prats, física y miembro del Grupo de Biología Computacional y Sistemas Complejos de la Universitat Politècnica de Catalunya; Manel Medina, responsable del Sistema de Información de los Servicios de Atención Primaria del Departament de Salut de la Generalitat de Catalunya; Cristina Rovira, subdirectora general de Producción y Coordinación del Instituto de Estadística de Catalunya; Montserrat Tort (y equipo), responsable de la Secretaría Técnica del Observatorio de Datos Culturales de Barcelona; Anna Llupià, doctora de Medicina Preventiva y Epidemiología del Hospital Clínic de Barcelona, y muy especialmente a Israel Rodríguez-Giralt, de la Universitat Oberta de Catalunya, sociólogo y analista de la cultura del desastre, quien me facilitó estupendas referencias y comentó el primer borrador. Quiero extender también mi agradecimiento a las entidades y medios de comunicación que emitieron el documental en sus programaciones (Betevé, 12.ª Mostra Internacional de Cinema Etnogràfic, ISIA Urbino, Museu d'Història de Sant Feliu de Guíxols).

Las pesquisas sobre «la curva» se enmarcan en un programa de tres años de investigación (2021-2023) titulado «Actuar en la emergencia. La agencia del diseño durante (y después de) la covid-19», coproducido por la Real Academia de España en Roma y GREDITS (Grupo de Investigación en Diseño y Transformación Social), adscrito a BAU Centre Universitari d'Arts i Disseny de Barcelona. En el programa participan diversas universidades catalanas e italianas, y cuenta con más de cincuenta investigadores, a quienes quiero agradecer sus numerosas aportaciones[34]. Estoy en deuda con Roc Albalat (diseñador, miembro del colectivo Estampa y compañero docente en BAU) por los comen-

---

[34] https://www.gredits.org/raer_actuar_en_la_emergencia/

tarios a las primeras versiones del texto. Junto a él y a Ramon Rispoli (profesor de arquitectura en la Universidad Federico II de Nápoles), comparto una de las unidades de investigación del programa dedicada al estudio de la gestión matemática de la pandemia. Lo mismo puedo decir de Gianluca Burgio, profesor de arquitectura en la Universidad de Enna «Kore» (Sicilia) y editor de la revista *PhD Kore Review*, quien publicó un primer esbozo de algunas de las ideas aquí presentes.

El apoyo de Ángeles Albert, directora de la Academia de España en Roma, y de su equipo hizo posible una estancia de dos semanas en la institución en el mes de julio de 2022, que me permitió armar el esqueleto del trabajo. Vale decir que la llegada de la covid-19 me sorprendió precisamente allí siendo becario en febrero de 2020. Asimismo quiero agradecer las aportaciones de Daniel Pitarch, profesor y miembro del colectivo Estampa, y de Jaume Pujagut, diseñador gráfico. También me siento en deuda con las lecturas atentas del primer borrador por parte de Jaume Sastre-Juan, profesor de Historia de la Ciencia de la Universitat Autònoma de Barcelona, y de Alfons Zarzoso, historiador de la ciencia y la técnica de la Universidad Complutense de Madrid, y comisario del Museu d'Història de la Medicina de Catalunya hasta 2023. Asimismo, agradezco la oportunidad brindada por Rebeca Pardo, Roger Canals, Oliver Brett y Jaume Sastre-Juan de presentar estas pesquisas en algunos congresos («Narrativas Visuales de la Enfermedad», Universitat Internacional de Catalunya, 2022; «Visual Trust», Universitat de Barcelona, 2023; «Framing and

Re-Framing "Pandemic Documentary"», University of Nottingham, 2023) y entre algunos grupos de trabajo (Institut d'Història de la Ciència, Universitat Autònoma de Barcelona; Unitat de Doctorat, Bau Centre Universitari d'Arts i Disseny de Barcelona).

Bibliografía

Amidon, Timothy R.; Nielsen, Alex C.; Pflugfelder, Ehren H.; Richards, Daniel P., y Stephens, Sonia H., «Visual Risk Literacy in "Flatten the Curve" COVID-19 Visualizations», *Journal of Business and Technical Communication,* vol. 35 (1), 2021, págs. 101-109.

Arendt, Hannah, *Sobre la revolución,* Madrid, Alianza, 2013.

Bender, John, y Marrinan, Michael, *The Culture of Diagram,* Stanford, Stanford University Press, 2010.

Benzi, Margherita, y Novarese, Marco, «Metaphors we Lie by: our "War" against COVID-19», *History and Philosophy of the Life Sciences,* 44:18, 2022.

Berardi, Franco («Bifo»), *Después del futuro,* Madrid, Enclave, 2014.

— *Futurabilidad. La era de la impotencia y el horizonte de la posibilidad,* Buenos Aires, Caja Negra, 2019.

Bertin, Jacques, *Semiology of Graphics: Diagrams, Networks, Maps,* Redlands, CA, Esri Press, 2011.

Boumans, Marcel, «Flattening the curve is flattening the complexity of covid-19», *History and Philosophy of the Life Sciences,* 43, 2021.

Bratton, Benjamin H., *The Stack: On Software and Sovereignty,* Cambridge, The MIT Press, 2015.

— *The Revenge of the Real. Politics for a Post-pandemic World,* Nueva York, Verso, 2021.

Braudel, Fernand, *La historia y las ciencias sociales,* Madrid, Alianza, 1990.

Bredekamp, Horst; Dunkel, Vera, y Schneider, Birgit (eds.), *The Technical Image. A History of Styles in Scientific Imagery,* Chicago, The University of Chicago Press, 2015.

Bryant, Levi R., *Onto-Cartography. An Ontology of Machines and Media,* Edimburgo, Edinburgh University Press, 2014.

Buck-Morss, Susan, «Envisioning Capital: Political Economy on Display», *Critical Inquiry,* 21 (2), 1995, págs. 434-467.

Buiani, Roberta, «Innovation and Compliance in Making and Perceiving the Scientific Visualization of Viruses», *Canadian Journal of Communication,* vol. 39, 2014, págs. 539-556.

Caduff, Carlo, «Pandemic Prophecy, or How to Have Faith in Reason», *Current Anthropology,* vol. 55, núm. 3, 2014, páginas 296-315.

Campolo, Alexander, y Crawford, Kate, «Enchanted Determinism: Power without Responsibility in Artificial Intelligence», *Engaging Science, Technology, and Society,* 6, 2020.

Cassirer, Ernst, *El mito del Estado,* Ciudad de México, Fondo de Cultura Económica, 1968.

— *Antropología filosófica. Introducción a una filosofía de la cultura,* Ciudad de México, Fondo de Cultura Económica, 2016.

Clark, Andy, *Natural-Born Cyborgs: Minds, Technologies, and the Future of Human Intelligence,* Oxford, Oxford University Press, 2003.

Coopmans, Catelijne, *et al.* (eds.), *Representation in Scientific Practice Revisited,* Cambridge, The MIT Press, 2014.

Daston, Lorraine, y Galison, Peter, «The Image of Objectivity», *Representations,* vol. 0, núm. 40, número especial, *Seeing Science,* 1992, págs. 81-128.

Delumeau, Jean, *El miedo en Occidente,* Madrid, Taurus, 2012.

Déotte, Jean-Louis, *La época de los aparatos,* Buenos Aires, Adriana Hidalgo, 2010.

Didi-Huberman, Georges, *La imagen superviviente. Historia del arte y tiempo de los fantasmas según Aby Warburg,* Madrid, Abada, 2018.

Drucker, Johanna, *Visualization and Interpretation,* Cambridge, The MIT Press, 2020.

Einhorn, Hillel J., y Hogarth, Robin M., «Prediction, Diagnosis, and Causal Thinking in Forecasting», *Journal of Forecasting,* vol. 1, núm. 1, 1982, págs. 23-36.

Enserink, Martin, y Kupferschmidt, Kai, «Mathematics of life and death: How disease models shape national shutdowns and other pandemic policies», *Science,* 25 de marzo de 2020. URL: https://www.science.org/content/article/mathematics-life-and-death-how-disease-models-shape-national-shutdowns-and-other.

Erikson, Susan L., «Global Health Business: The Production and Performativity of Statistics in Sierra Leone and Germany», *Medical Anthropology,* 31:4, 2012, págs. 367-384.

Esposito, Roberto, *Comunidad, inmunidad, biopolítica,* Barcelona, Herder, 2009.

Feinberg, Melanie, *Everyday Adventures with Unruly Data,* Cambridge, The MIT Press, 2022.

Ferrer, Sergio, «Este verano está muriendo más gente de lo esperado en España y no podemos saber por qué», *elDiario.es,* 29 de agosto de 2022. URL: https://www.eldiario.es/sociedad/verano-muriendo-gente-esperado-espana-no_1_9272811.html.

Fisher, Mark, *Realismo capitalista,* Buenos Aires, Caja Negra, 2016.

Foucault, Michel, *Fearless Speech,* Los Ángeles, Semiotext, 2001.

— *Vigilar y castigar,* Madrid, Biblioteca Nueva, 2012.

Francescutti, Pablo, *Historia del futuro. Utopías y distopías después de la pandemia,* Granada, Comares, 2021.

Giddens, Anthony, *Modernidad e identidad del yo,* Barcelona, Península, 1995.

Giordano, Paolo, *Nel contagio,* Turín, Einaudi, 2020.

Gould, Stephen Jay, «The Median Isn't the Message», *Discover,* 6, junio de 1985, págs. 40-42.

Hacking, Ian, «Biopower and the Avalanche of Printed Numbers», en Vernon W. Cisney y Nicolae Morar (eds.), *Biopower: Foucault and Beyond,* Chicago, University of Chicago Press, 2020, págs. 65-81.

Haraway, Donna, *Modest_Witness@Second_Millennium. Female Man©Meets_OncoMouse: Feminism and Technoscience,* Nueva York, Routledge, 1997.

Helmreich, Stefan, «Wave Theory ~ Social Theory», *Public Culture,* 1, 32, 2 (91), mayo de 2020, págs. 287-326.

Hong, Sun-Ha, «Predictions without futures», *History and Theory,* núm. 0, 2022, págs. 1-20.

Huggett, Renée, *Graphs and Charts,* Londres, MacMillan, 1990.

Jacob, François, *El ratón, la mosca y el hombre,* Madrid, Plaza y Valdés, 2004.

Jay, Martin, *Ojos abatidos. La denigración de la visión en el pensamiento francés del siglo XX,* Madrid, Akal, 2008.

Joffe, Hélène, «The Power of Visual Material: Persuasion, Emotion and Identification», *Diogenes,* 217, 2008, págs. 84-93.

Jones, David S., y Helmreich, Stefan, «The Shape of Epidemics», *Boston Review,* 26 de junio de 2020. URL: https://bostonreview.

net/articles/david-shumway-jones-stefan-helmreich-epidemic-waves/.

Joubert, M., y Wasserman, H., «Spikey blobs with evil grins: understanding portrayals of the coronavirus in South African newspaper cartoons in relation to the public communication of science», *JCOM*, 19 (07), 2020.

Karsten, Karl, *Charts and Graphs: An introduction to graphic methods in the control and analysis of statistics,* Nueva York, Prentice Hall, 1925.

— *Scientific forecasting; its methods and application to practical business and to stock market operations,* Nueva York, Greenberg, 1931.

Kessler, Elizabeth A., *Picturing the Cosmos. Hubble Space Telescope Images and the Astronomical Sublime,* Minneapolis, University of Minnesota Press, 2012.

Koch, Tom, *Cartographies of Disease: Maps, Mapping, and Medicine,* Redlands, CA, Esri Press, 2017.

Kostelnick, Charles, *Humanizing Visual Design. The Rhetoric of Human Forms in Practical Communication,* Nueva York y Londres, Routledge, 2019.

Kucharski, Adam, *Las reglas del contagio,* Madrid, Capitán Swing, 2020.

Lafuente, Antonio, «La verdad entre todos», *CTXT,* 24 de diciembre de 2021. URL: https://ctxt.es/es/20211201/Firmas/37661/verdad-procesos-paz-ciudadania-ciencia.htm.

Lakoff, George, y Johnson, Mark, *Metaphors We Live By,* Chicago y Londres, University of Chicago Press, 1980.

— *Philosophy in the Flesh. The Embodied Mind and its Challenge to Western Thought,* Nueva York, Basic Books, 1999.

Latour, Bruno, *The Pasteurization of France,* Cambridge, MA, Harvard University Press, 1988.

LATOUR, Bruno, y WOOLGAR, Steve, *Laboratory Life. The Construction of Scientific Facts,* Princeton, Princeton University Press, 1986.

LEÓN, Manuel de, Antonio Gómez Corral, *Las matemáticas de la pandemia,* Madrid, CSIC/Catarata, 2020.

LEÓN-PORTILLA, Miguel, *La filosofía náhuatl estudiada en sus fuentes,* Ciudad de México, Universidad Nacional Autónoma de México, 2006.

LIPKUS, Isaac M., y HOLLANDS, J. G., «The Visual Communication of Risk», *JNCI Monographs,* vol. 1.999, núm. 25, 1999, páginas 149-163.

LYNCH, Michael, «Discipline and the Material Form of Images: An Analysis of Scientific Visibility», *Social Studies of Science,* vol. 15, núm. 1, 1985, págs. 37-66.

MAAS, Harro, y MORGAN, Mary S., «Timing History: The Introduction of Graphical Analysis in 19th Century British Economics», Éditions Sciences Humaines, *Revue d'Histoire des Sciences Humaines,* núm. 7, 2002, págs. 97-127.

MAGATTI, Mauro, *Oltre l'infinito,* Milán, Feltrinelli, 2019.

MARZO, Jorge L., «La genealogía "líquida" de la interfaz», *Artnodes,* núm. 16, 2015, págs. 5-16.

— *Las videntes. Imágenes en la era de la predicción,* Barcelona, Arcadia, 2021.

MASSUMI, Brian, «National Enterprise Emergency: Steps Toward an Ecology of Powers», *Theory, Culture and Society,* 26, núm. 6, 2009.

MEZZA, Michele, *Il contagio dell'algoritmo,* Roma, Donzelli, 2020.

MILLER, Jed, y JARVIS, Michael, «Four lessons the COVID-19 crisis can teach us about data-driven storytelling», *World Economic Forum,* 2020. URL: https://www.weforum.org/agenda/2020/06/4-lessons-covid-19-can-teach-data-driven-storytelling/.

Mitchell, W. J. T. (ed.), *The Language of Images*, Chicago, University of Chicago Press, 1980.

— *Picture Theory*, Chicago, University of Chicago Press, 1995.

Moreno Lozano, Cristina, «Seeing COVID-19, or a Visual Journey Through the Epidemic in Three Acts», *Somatosphere*, 2020. URL: http://somatosphere.net/forumpost/visual-journey-epidemic-covid-19.

Moretti, Franco, *Graphs, Maps, Trees. Abstract Models for a Literary History*, Londres y Nueva York, Verso, 2005.

Morton, Timothy, *Hyperobjects. Philosophy and Ecology after the End of the World*, Minneapolis, University of Minnesota Press, 2013.

Mumford, Lewis, *The Human Prospect*, Boston, Secker & Warburg, 1956.

Nerlich, Brigitte, «Mathematical models, political decision making and public perceptions», 3 de marzo de 2020. URL: https://blogs.nottingham.ac.uk/makingsciencepublic/2020/03/03/mathematical-models-political-decision-making-and-public-perceptions/.

Nikolow, Sybilla, «"Words Divide, Pictures Unite". Otto Neurath's Pictorial Statistics in Historical Context», en Richard Heinrich, Elisabeth Nemeth, Wolfram Pichler y David Wagner (eds.), *Image and Imaging in Philosophy, Science and the Arts*, vol. 2, Fráncfort, Ontos, 2011, págs. 85-98.

Nixon, Rob, *Slow Violence and Environmentalism of the Poor*, Cambridge, Harvard University Press, 2011.

Pintor, Ivan, «Iconografies de la pandèmia», *CCCBLab*, 2020. URL: https://lab.cccb.org/ca/iconografies-de-la-pandemia/.

Porter, Theodore M., *Trust in numbers. The Pursuit of Objectivity in Science and Public Life*, Princeton, Princeton University Press, 1995.

RANSOME, Arthur, «On Epidemics, Studied by Means of Statistics of Disease», *The British Medical Journal,* 2, 1868, páginas 386-388.

REMES, Jacob A. C., y HOROWITZ, Andy (eds.), *Critical Disaster Studies,* Filadelfia, University of Pennsylvania Press, 2021.

ROBERTS, Siobhan, «Flattening the Coronavirus Curve», *The New York Times,* 27 de marzo de 2020. URL: https://www.nytimes.com/article/flatten-curve-coronavirus.html.

RODGERS, P. A.; GALDON, F., y BREMNER, C., «Design Research-in-the-Moment: Eliciting Evolutive Traces During the Covid-19 Crisis», *Strategic Design Research Journal,* vol. 13, núm. 03, 2020.

ROITMAN, Janet, *Anti-crisis,* Durham y Londres, Duke University Press, 2014.

RORTY, Richard, *El giro lingüístico,* Barcelona, Paidós, 1990.

ROSENBERG, Daniel, y GRAFTON, Anthony, *Cartographies of Time,* Nueva York, Princeton Architectural Press, 2010.

RUÃO, Teresa, y SILVA, Sónia, «The "Flatten the Curve" Metaphor in COVID-19 Public Risk Messaging», *Strategic Communication in Context,* 2020, págs. 175-211.

SANTOS, Boaventura de Sousa, *El futuro comienza ahora. De la pandemia a la utopía,* Madrid, Akal, 2021.

SAVATER, Fernando, «Negacionista», *El País,* 11 de septiembre de 2022.

SCHNEIDER, Birgit, *Image Politics of Climate Change: Visualizations, Imaginations, Documentations,* Bielefeld, Transcript, 2014.

SERRES, Michel, *The Parasite,* Minneapolis, University of Minnesota Press, 2007.

SILVER, G. A., «Virchow, the heroic model in medicine: health policy by accolade», *American Journal of Public Health,* 77 (1), 1987, págs. 82-88.

Singer, Merrill, *Introduction to syndemics: A critical systems approach to public and community health,* San Francisco, Jossey-Bass, 2009.

Sontag, Susan, *La enfermedad y sus metáforas,* Madrid, DeBolsillo, 2008.

Stafford, Barbara Maria, *Good Looking: Essays on the Virtue of Images,* Cambridge, The MIT Press, 1996.

Stengers, Isabelle, *The Invention of Modern Science,* Minneapolis, University of Minnesota Press, 2000.

— *In Catastrophic Times: Resisting the Coming Barbarism,* Lunburg, Open Humanities Press & The Meson Press, 2015.

Tironi, Manuel; Rodríguez-Giralt, Israel, y Guggenheim, Michael (eds.), *Disasters and Politics: Materials, Experiments, Preparedness,* Chichester (Inglaterra), John Wiley & Sons, 2014.

Torres, Émile P., «Understanding "longtermism": Why this suddenly influential philosophy is so toxic», *Salon,* 20 de agosto de 2022. URL: https://www.salon.com/2022/08/20/understanding-long termism-why-this-suddenly-influential-philosophy-is-so/.

Tufekci, Zeynep, «Don't Believe the COVID-19 Models», *The Atlantic,* 2020. URL: https://www.theatlantic.com/technology/ archive/2020/04/coronavirus-models-arent-supposed-be-right/ 609271/.

Tufte, Edward R., *The Visual Display of Quantitative Information,* Cheshire, Graphics Press, 2007.

White, Hayden, *El contenido de la forma. Narrativa, discurso y representación histórica,* Barcelona, Paidós, 1992.

Wilson, Mark, «The story behind "flatten the curve", the defining chart of the coronavirus», *Fast Company,* 13 de marzo de 2020. URL: https://www.fastcompany.com/90476143/the-story-be hind-flatten-the-curve-the-defining-chart-of-the-coronavirus.

175

Wittgenstein, Ludwig, *Investigaciones filosóficas,* Barcelona, Crítica, 1988.

Wulz, Monika, *Erkenntnisagenten: Gaston Bachelard und die Reorganisation des Wissens,* Berlín, Kadmos, 2010.

Zuboff, Shoshana, *La era del capitalismo de la vigilancia,* Barcelona, Paidós, 2020.

Índice

COLECCIÓN *+media*